Wir danken unseren Lesern und Freunden für ihre Kritik, Unterstützung und viele lustige Stunden. Natürlich bedanken wir uns auch aus ganzem Herzen bei unseren Katzen - für ihre Nachsicht und auch dafür, dass sie uns in den Jahren so viel gelehrt haben.

Jasmin Lindner

Simsalabim, 3 X schwarzer Kater – Clickern ganz ohne Zauberei

mit Texten und Grafiken von Miriam Knischewski

Bibliografische Information der Deutschen Nationalbibliothek: Die Deutsche Nationalbibliothek verzeichnet diese Publikation in der Deutschen Nationalbibliografie; detaillierte bibliografische Daten sind im Internet über http://dnb.dnb.de abrufbar.

© 2017, Jasmin Lindner, Miriam Knischewski

Herstellung und Verlag:
BoD – Books on Demand, Norderstedt

ISBN: 978-3-7431-6688-2

Warum dieses Buch keine starren Regeln hat

„Du musst die Hand so und so machen, damit ..." „Wenn das nicht klappt, dann muss man..." Muss man... Alles was man muss, macht doch irgendwie Druck, oder? Also wenn man aufräumen muss, putzen muss, einkaufen muss... dann sträubt man sich doch direkt innerlich dagegen, weil "Müssen" keinen Spaß machen kann, außer man lockert die Regeln.

In der Schule war ich früher voll der Streber, hatte immer gute Noten, hab mich immer korrekt verhalten und hätte niemals "blau gemacht", bis ich irgendwann gemerkt habe, dass Grenzen teilweise vorhanden sind, um auszutesten, wie man sie dehnen kann und wie sehr man wachsen kann, indem man sie kreativ verändert.

Warum sollte man beim Clickern Dinge machen **müssen**, wenn das Clickern doch Katze und Mensch Spaß machen soll? Und wie soll man die Katze motivieren, wenn man sie zu etwas zwingt, weil sie es ja machen soll/muss?

Merkt Ihr, wie viel Stress das alleine schon beim Lesen auslöst? (Also beim Schreiben bemerke ich schon, dass meine Halsschlagader pocht ;)).
Wir wollen diese Grenzen sprengen und Euch verschiedene Möglichkeiten und Wege aufzeigen, zu einem Trick zu gelangen.

Das Wichtigste beim Clickern ist die Kreativität: erst dann, wenn der Halter kreativ in der Umsetzung und dem Finden von Problemlösungen ist, kann er für seine eigene Katze den Trainingsweg finden, den sie gehen will. Starre Regeln blockieren diese Kreativität und das Um-drei-Ecken-denken.

Es gibt kein "Muss" in unserem Buch, nur ein "Kann". Alles ist möglich, wenn wir nur wollen und wenn wir wachsen können. Lest deshalb unser Buch mit Freude und vollkommen ohne Druck, denn wir wünschen Euch ganz viel Spaß dabei!

Inhaltsverzeichnis

Über das Clickern 9

Was ist Clickern? Wie geht das? 10
Warum Clickern? 11
Wir schauen in den Kopf der Katze: die Lerntheorie 12
Warum den Clicker und nicht die Stimme zur Belohnung einsetzen? 15
Wichtige Regeln während des Clickerns 16
Warum Zwang und Strafe nicht funktionieren 17
Was muss, was kann? 18
Individuelle Vorlieben und Lerngeschwindigkeiten berücksichtigen 18
Die Sache mit der Ablenkung und der Konzentration 19
Clickern fördert Kreativität bei Katze und Halter 20
Was kann Clickern, was nicht? 21
Motivationstipps 22
Die "richtigen" Leckerchen finden 23
Das "Jackpot"-Leckerchen 24
Der Clicker 25
Den "richtigen" Clicker finden / den Clicker wechseln? 26
Weitere hilfreiche Utensilien 27
Clicker-Utensilien selber machen 28
Die Clicker-Katzen-Typologie 29

Die Tricks 34

    Begriffserklärungen 35
    Schritt 1: die Konditionierung auf den Clicker 36
    Anfänger-Tricks 37
    Tricks für Fortgeschrittene und Profis 58
    Medical Training 81

Häufige Fragen und Probleme 95

    Meine Katze versteht das Clickern nicht. Was mache ich jetzt? 96
    Was, wenn die Katze bestimmte Tricks nicht machen möchte? 97
    Meine Katze kann sich nicht lang genug konzentrieren 98
    Was, wenn meine Katze lieber "herumkaspert", statt zu trainieren? 99
    Meine Katze hat Allergien, wie kann ich sie belohnen? 100
    Futterbelohnung, gehts auch ohne? 101
    Die Zeit zwischen "Klick" und Leckerchen ausdehnen? 101
    High Five ohne Kralleneinsatz, wie trainiere ich das? 102
    Locken oder nicht? 103
    Meine Katze möchte mit einem bestimmten Trick nicht mehr aufhören. Was tue ich? 104
    Kann auch ein Anderer mit der Katze clickern, die ich konditioniert habe? 104
    Spezialfall "behinderte Katze"? 105
    Spezialfall "blinde/taube Katze"? 106
    Spezialfall "Freigänger"? 107
    Spezialfall "junge Katzen"? 107
    Spezialfall "alte Katzen"? 108

Clickern im Mehrkatzenhaushalt 109

Konditionierung im Mehrkatzenhaushalt 110
Für jede Katze den richtigen Trainingsweg finden 112
Kann ich mit jeder Katze einen anderen Trick üben? 113
Meine Katzen sind sehr unterschiedlich, kann ich
sie zusammen trainieren? 113
Verschiedene Clicker? Warum das keinen Sinn macht 115
Was ist, wenn meine Katzen unterschiedliche
Leckerchen haben wollen/müssen? 117
Wie reagiere ich, wenn eine meiner Katzen das
Training "sabotiert"? 118
Was, wenn es Streit im Training gibt? 118
Was, wenn eine der Katzen die Lust verliert? 119

Verhaltensauffällige Katzen clickern 120

Anfassen, Hochnehmen (und Tragen) lassen 122

Clickern im Tierheim 123

Verhaltensauffällige Katzen im Tierheim betreuen 127

Bildnachweise 129
Zum Weiterlesen, -schauen und -clickern 130
Autorenprofile 131
Projekt "Katzenhaus" 132

Über das Clickern

In diesem Kapitel kannst du nachlesen, was es mit dem Clickern überhaupt auf sich hat, welche Vorteile es dir und deiner Katze bringt und welche Punkte du dabei bedenken solltest.

Kapitel 1

Was ist Clickern? Wie geht das?

Beim Clickern lernt die Katze durch sogenannte positive Verstärkung, sie wird also für gewünschtes Verhalten belohnt. Das Clickergeräusch nutzen wir dabei, um genau das Verhalten zu *markieren*, das erwünscht ist.

Es ist wie das Schießen eines Fotos: den Moment, an dem wir auf den Auslöser drücken, wollen wir *einfangen* und *festhalten*. Hat die Katze erst begriffen, dass das Klickgeräusch mit einer Belohnung – meist Leckerchen – verbunden ist, wird sie dieses gewünschte Verhalten öfter zeigen.

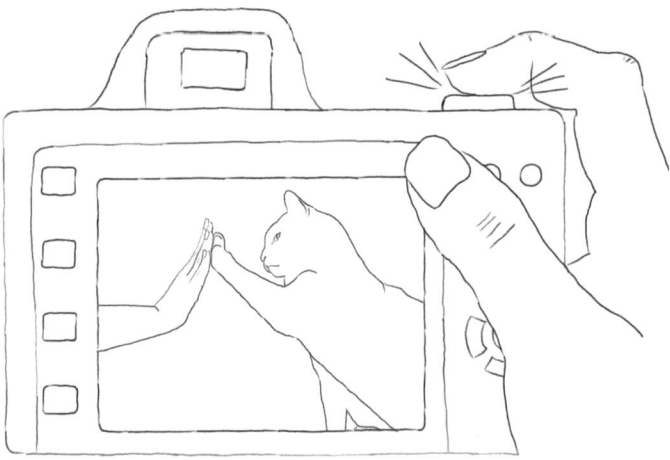

Die Katze lernt dabei durch Versuch und Irrtum: sie muss Initiative zeigen und ausprobieren bzw. erraten, was der Halter gerade in diesem Moment von ihr möchte. Ist sie auf dem richtigen Weg, erhält sie eine Belohnung. Zeigt sie das gewünschte Verhalten nicht, passiert gar nichts und sie wird weiter probieren – ein bisschen wie das "Heiß & Kalt"-Spiel.

Erwünschtes Verhalten wird belohnt, unerwünschtes Verhalten wortlos ignoriert. Es folgt keine Strafe oder negative Konsequenz, wenn die Katze nicht das macht, was wir wünschen.

So können viele interessante, aber auch nützliche Tricks auf eine Art eingeübt werden, die der Katze Spaß und Vorteile bringt. Auch für uns Halter hat diese Art des Trainings Vorteile: oft ist die Katze eher gewillt, bestimmte Dinge zu tun oder zu unterlassen, wenn sie sich Leckerchen erhofft, als wenn wir nur auf sie einreden.

Warum Clickern?

Clickern kann nicht nur für Spaß und geistig ausgelastete Katzen sorgen, sondern auch die Bindung zwischen Halter und Katze stärken. Besonders Wohnungskatzen brauchen nicht nur körperliche Auslastung durch Renn- und Objektspiele, sie müssen auch ihr Köpfchen beschäftigen, um rundum zufrieden zu sein.

Freigängerkatzen erleben ihre Welt mit allen Sinnen, müssen Jagdstrategien austüfteln und verändern, um regelmäßig Beute zu machen. Dies fehlt Wohnungskatzen häufig, kann aber durch geistige Auslastung – z.B. durch Fummelbretter, Intelligenzspielzeuge oder das Clickern – ausgeglichen werden.

Scheue und ängstliche Katzen können durch das Clickern langsam und ohne Druck Vertrauen zum Menschen aufbauen. Wer als Katze zusammen mit seinem Halter viele positive Erlebnisse sammelt, wird ihn sicher noch ein Stück mehr mögen und ihm mehr vertrauen.

Unausgelastete, zu wibbelige Katzen strengen ihre grauen Zellen an und können so ausgeglichener werden – was sich positiv auf die gesamte Katzengruppe und auch das Zusammenleben mit ihrem Menschen auswirken kann. Auch das Einbinden des Clickertrainings in die Erziehung der Katze ist möglich und kann sie erheblich erleichtern.

Letztlich kann das „Medical Training" (siehe Seite 81) auch dafür sorgen, dass Tierarztbesuche, Gesundheits-Checkups oder die dringend benötigte Medikamentengabe Zuhause sich für alle Beteiligten stressfreier gestalten.

Wir schauen in den Kopf der Katze: die Lerntheorie

Um der Katze effektiv etwas beibringen zu können, ist es hilfreich zu wissen, wie genau die Katze lernt und wie sie Gelerntes abspeichert. Beim Clickern bedienen wir uns der sogenannten „klassischen Konditionierung" und der „operanten Konditionierung".

Das wohl bekannteste Beispiel für klassische Konditionierung ist der „pawlowsche Hund": Iwan Pawlow konnte nach zahlreichen Experimenten den Speichelfluss (= automatische Reaktion) eines Hundes allein durch das Erklingen einer Glocke (= Marker/Reiz) anregen.

Dies erreichte er, in dem er beim Füttern des Hundes die Glocke klingeln ließ. Nach einiger Zeit hatte der Hund den Zusammenhang zwischen Glocke und Futter derart verinnerlicht, dass der Glockenton allein ausreiche, um Reaktionen (Speichelfluss) beim Hund hervorzurufen, die sonst normalerweise nur beim Füttern gezeigt werden.

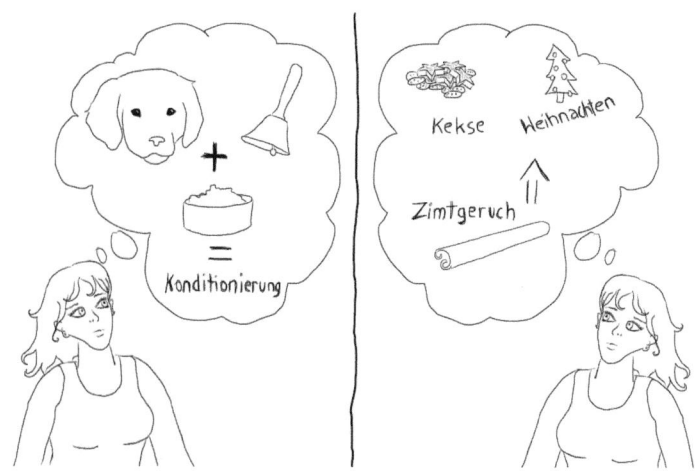

Eine solche Konditionierung kennen wir Menschen auch: riechen wir Zimt, denken manche Menschen an Zimtsterne, Gebäck und Weihnachten. Aber auch eine negative Konditionierung ist möglich: wer sich an Weihnachten den Bauch mit Zimtplätzchen derart vollgeschlug, dass er Bauchweh bekommen hat, kann beim nächsten Mal beim Geruch von Zimt automatisch Übelkeit und Abneigung empfinden.

„Klassische Konditionierung" bedeutet – vereinfacht ausgedrückt – also, dass unser Gehirn einen bestimmten Marker/Reiz mit bestimmten Situationen verknüpft und dieser damit zu einer automatischen Reaktion führt, die wir bewusst nicht steuern (können).

Bei der operanten Konditionierung – auch „instrumentelle Konditionierung" genannt - geht es um das Lernen durch „Versuch und (Miss-)Erfolg". Hierbei wird Verhalten gefördert, das bewusst gesteuert werden kann. Vereinfacht gesagt geht es bei der operanten Konditionierung darum, dass Verhalten, das zum Erfolg führt, in Zukunft öfter und bewusst gezeigt wird.

Verhalten, das zu Misserfolg führt, wird in Zukunft nicht mehr (bzw. weniger) gezeigt. Hierbei kann auch die Stärke des Erfolgs eine Rolle spielen, wie zuverlässig und konsequent ein Verhalten später gezeigt wird: besonders tolle Erfahrungen wollen natürlich wiederholt werden – so wird das entsprechende Verhalten zukünftig lieber gezeigt, als wenn es nur in einem „mittelmäßigen" Erfolg mündet.

Insgesamt „wiegt" eine Belohnung beim Lernen schwerer als eine Bestrafung. So führen positiv verknüpfte Situationen zu einem schnelleren und dauerhafteren Lernerfolg. All dies können wir uns beim Clickern der Katze zunutze machen.

Wir bringen der Katze bei, dass das Clickergeräusch eine Belohnung ankündigt und bringen sie damit dazu, positiv verknüpftes Verhalten öfter zu zeigen.

Warum den Clicker und nicht die Stimme zur Belohnung einsetzen?

Das Clickergeräusch hat einen Vorteil: es kennt keine Stimmung und klingt immer gleich. Egal, ob der Halter einen schweren Tag hatte, erschöpft oder vollkommen genervt ist: der Clicker verändert sein Geräusch nicht. Unsere Stimme (und auch Körperhaltung) verändert sich je nach Stimmung, Gesundheitszustand und Tagesform – dies könnte die Katze verwirren oder ihr den Spaß nehmen.

Natürlich können Tricks auch durch Worte begleitet werden – müssen sie sogar manchmal, wenn wir alle Hände voll haben – hier ist jedoch darauf zu achten, dass kurze und immer gleich bleibende Worte verwendet werden.

Wichtige Regeln während des Clickerns

- das Clickern geschieht zum Spaß der Katze, es geht nicht darum, möglichst viele, spektakuläre Tricks einzuüben
- Ruhe, Geduld und positive Erlebnisse sind wichtig
- lärmende Fernseher, ständig klingelnde Telefone und ein abgelenkter, genervter Halter sind nicht förderlich für das Training
- möglichst wenig reden, um die Katze nicht in der Konzentration zu stören
- Trainingssessions kurz halten und nur so lange üben, wie die Katze Lust hat und sich konzentrieren kann
- möglichst immer am gleichen Platz üben (vor allem zu Anfang)
- jede Trainingssession sollte mit einem positiven Erlebnis abgeschlossen werden (bereits bekannter Trick, extra tolles Leckerchen, spielen, streicheln etc.)
- Laute Worte, Gewalt und Zwang sind absolut Tabu: zeigt die Katze das gewünschte Verhalten nicht, passiert einfach "gar nichts" – keine Strafe, kein Herumzerren
- schwierige Tricks werden in Teilschritte eingeteilt: jeder Schritt wird so lange geübt, bis er perfekt "sitzt", erst danach wird ein weiterer Teil darauf aufgebaut, Versteht die Katze mehrteilige Tricks nicht, gehen wir einen Schritt zurück oder sollten alternative Wege ausprobieren
- besser nicht direkt vor oder nach dem Fressen clickern: die Katze ist vor dem Fressen zu hungrig, um sich richtig zu konzentrieren und nach dem Fressen häufig zu träge, um sich zu bewegen
- sollte die Katze keinerlei Interesse am Clickern zeigen und auch dem Spielen (und Fressen) allgemein nicht aufgeschlossen ge-

genüber reagieren, kann es Sinn machen, sie beim Tierarzt auf gesundheitliche Probleme untersuchen zu lassen: nicht selten sind Krankheiten, Unwohlsein oder Schmerzen Ursache dafür, dass die Katze wenig Interesse an ihrer Umgebung zeigt

Warum Zwang und Strafe nicht funktionieren

Ein Verhalten, das mit etwas Positivem verknüpft wird, wird zukünftig gerne und immer wieder gezeigt. Eine Situation, die mit negativen Folgen einhergeht, brennt sich jedoch derart ins Gedächtnis ein, dass die Katze sie zukünftig meiden wird - im schlimmsten Fall wird sie verunsichert oder gar ängstlich sein. Das ist auch bei uns Menschen nicht anders.

Übt man beim Training also Druck oder Zwang auf die Katze aus, ist dies nicht nur kontraproduktiv, sondern könnte alle Erfolge und das Vertrauen in den Halter zunichtemachen. Wir arbeiten beim Clickern nicht mit Strafe, weil sie weder uns, noch die Katze weiterbringt. Zudem zeigt sie der Katze auch kein Alternativverhalten an, um einen Trick doch noch zu erlernen – was letztlich unser Ziel ist.

Lieber also ein wenig mehr Geduld, ein paar Rückschritte und alternative Trainingswege hinnehmen, als der Katze den ganzen Spaß am Training und sich selbst zu vermiesen. Letztlich ist die Katze auch eben einfach eine Katze: etwas, das sie nicht möchte, tut sie auch nicht.

Was muss, was kann?

Jede Katze, ihr Charakter, ihre Lerngeschwindigkeit und ihre Motivation ist individuell verschieden. Starre Regeln sind im Clickern oft wenig hilfreich und engen unnötig ein. Ob, wann, wie oft und wie lange eine Katze trainiert wird, sollte nicht durch theoretische Angaben in Ratgebern oder den Willen des Halters festgelegt werden: die Katze macht ohnehin nur so lange mit, wie sie es möchte.

Wie viele Wiederholungen die Katze für das Einüben eines Tricks benötigt, hängt von ihrem Charakter, ihrem Lerntempo, ihrer Konzentration und unserer Fähigkeit ab, ihr den Trick nahe zu bringen. Sicherlich sind feste Zeiten und Orte günstig dafür, dass sich vertraute Rituale einstellen - Katzen sind nun mal Gewohnheitstiere - und die Konzentration gefördert wird, aber manch eine Katze möchte selbst aussuchen, wann und wo sie trainiert.

Insgesamt sollte es beim Clickern rein um den Spaß gehen, den Katze und Halter am Training haben: stellen wir unsere eigenen Regeln auf, die uns und unserer Katze gut tun.

Individuelle Vorlieben und Lerngeschwindigkeit berücksichtigen

Wir als Halter wissen nur zu gut: unter den Katzen gibt es vollkommen unterschiedliche Charaktere. So gibt es Katzen, die lieben das Clickern, können gar nicht genug bekommen und wachsen an Herausforderungen. Dann gibt es aber auch kleine Trantüten, die eher gemütlich und mit wenig herausfordernden Tricks zufrieden sind.

Auch gibt es Katzen, die einfach ein wenig langsamer sind, die länger brauchen, um einen Trick zu durchschauen, die dann aber mit großer Begeisterung dabei sind. Uns als Haltern obliegt es, unsere Katzen zu "lesen": Welche Geschwindigkeit ist richtig für sie? Welche Tricks machen ihr besonders Spaß?

Nur dann, wenn sowohl die Katze als auch der Halter sich auf ihr Gegenüber einlassen, kann der Spaß für alle Beteiligten dauerhaft sein.

Die Sache mit der Ablenkung und der Konzentration

Beginnen wir mit dem Training, sollten wir darauf achten, dass die Katze und auch wir selbst möglichst gar nicht abgelenkt sind: wir müssen uns auf die Katze einstellen, ihre Körpersprache lesen und auf jede Aktion blitzschnell reagieren können. Alles, was uns ablenkt, kann das Training stören und dafür sorgen, dass wir den richtigen

Moment für den Click verpassen. Auch die Katze kann bei ständiger Ablenkung nicht genug nachdenken, um herauszufinden, was wir gerade vielleicht von ihr wollen könnten.

Bei vielen Katzen legt sich das Unkonzentriertsein, je routinierter und geübter sie im Clickern sind. Hier hilft Geduld, das Ausdehnen der Clickersessions und Abbruch des Trainings, falls gar nichts mehr geht. Zu viel Ablenkung schafft eben auch Frust.

Es gibt aber auch eine spezielle Gruppe von Katzen (siehe Typologie der Clickerkatzen, Seite 29), die einfach zeit ihres Lebens ein wenig anders und grundsätzlich leicht abzulenken sind – egal, wie geübt sie im Training oder wie gut die Leckerchen sind.
Solchen Katzen kann man in der Regel helfen, ihre Konzentrationsspanne ein wenig auszubauen – aber eben häufig nur in begrenzten Rahmen. Das muss nicht schlimm und auch keine Enttäuschung für uns Halter sein: genau diese Unterschiede in den Charakteren machen das Clickertraining so individuell und manchen Erfolg im Training besonders toll.

Clickern fördert Kreativität bei Katze und Halter

Fluch und Segen zugleich: Wer als Katze immer wieder verschiedene Lösungsansätze ausprobieren muss, um ans Ziel (Belohnung) zu kommen, wird diese neu geweckte Eigenschaft nicht nur im Clickertraining nutzen. Einerseits ist es toll, wenn die Katze im Lauf des Trainings von sich aus Verhalten anbietet, das wir verstärken können: manche Tricks lernen sich so fast wie von allein.

Auch wir Halter können aus dem von der Katze angebotenen Verhalten neue Ideen für Tricks entwickeln, auch mal etwas Herausfordernderes wagen.

Andererseits könnte eben diese Kreativität der Katze für ungeahnte Situationen, Missgeschicke und Unsinn sorgen, wenn die Katze dies auch in anderen Situationen einsetzt. Wer als Katze beim Clickern lernt, etwas kreativer im Pfotenumgang zu werden, könnte auch auf die Idee kommen, sich etwas ausgiebiger mit Schranktüren, Schubladen und Deckeln aller Art zu befassen.

Also Achtung: Clickerkatzen sind intelligent und einfallsreich – auch dann, wenn es um Unfug geht.

Was kann das Clickern, was nicht?

Clickern kann sicherlich positive Veränderungen bei Katze und Halter und auch im Zusammenleben mehrerer Katzen bewirken. Allerdings ist das Clickern kein Allheilmittel für schwerwiegendere Probleme oder gröbere Haltungsfehler.

Es kann Entspannung in festgefahrene Situationen bringen, ist aber nur ein Puzzleteil bei komplexeren Situationen. Werden Ursachen für Probleme nicht analysiert und abgestellt, ist auch das Clickertraining allein keine dauerhafte oder erfolgversprechende Hilfe bei Schwierigkeiten im Katzenhaushalt.

Motivationstipps

Es gibt durchaus Phasen, in denen die Motivation zum Training nachlässt, in denen wir als Halter kaum Zeit oder Nerven haben, neben Arbeit und Alltag noch mit der Katze zu trainieren. Da kann es helfen, ein paar Tipps zu beherzigen:

- nur 10 Minuten Clickern am Tag kann eine immens positive Auswirkung auf das Verhältnis zur Katze und ihr inneres Seelenleben haben

- keine zu großen Ziele setzen: wer sich über kleine Erfolge freuen kann, den wird der Frust nicht umwerfen

- rufen wir uns all die kleinen Erfolge ins Gedächtnis, die wir zusammen mit unserer Katze bereits erlebt haben

- beobachten wir unsere Katzen beim Training genau: wir können an ihrer Körpersprache sehen, wie sehr ihr das Clickern Spaß macht und mit welchem Elan sie bei der Sache ist

- will das Training eines Tricks so gar nicht klappen, schwenke dir und deiner Katze zuliebe zunächst einmal auf einen anderen Trick um und versuche es einfach am nächsten Tag erneut, so kommt dennoch positive Stimmung und kein Frust auf

Die „richtigen" Leckerchen finden

Würden wir ein Buch übers Clickern mit Hunden schreiben, wäre das Thema in etwa 2 Sätzen abgehandelt, da Hunde in der Regel *fast* alles gerne essen, was man ihnen vor die Nase hält. Aber bei Katzen wird die ganze Sache schon interessanter und komplexer... aber da wir ja kreativ sind, schaffen wir auch diese Hürde.

Zuallererst erstellen wir eine „Ranking – Liste": Wir nehmen einige Leckerchen, die die Katze gerne mag und schauen, welche sie am liebsten isst und welche sie überhaupt nicht essen möchte. Das „beste Leckerchen" sowie das Leckerchen auf dem letzten Platz sortieren wir sofort aus.
Das Leckerchen auf Platz 1 pusht die Katze im Regelfall total auf, so dass sie sich nicht mehr auf die Tricks konzentrieren kann und das Leckerchen auf dem letzten Platz ist dann eher der Trostpreis, für den die Katze nicht arbeiten will.

Geeignet sind folgende Snacks: Trockenfleisch, (gefrier-)getrocknete Leckerchen, getreidefreie Leckerchenstangen, Trockenfutterpellets (wenn die Katze sie wirklich toll findet) sowie (beispielsweise) rohe Putenbrust.

Weniger geeignet sind Leckerchen wie Nassfutter (klebt *überall* und der Geruch an den Fingern lenkt die Katze ab), Thunfisch (derselbe Grund wie beim Nassfutter) sowie alles, was zu sehr klebt und krümelt (Katzen verhalten sich oft wie Staubsauger und an Tricks ist dann nicht mehr zu denken).

Und bitte nicht vergessen: Alle Leckerchen, die beim Clickern verwendet werden, sollten von der Tagesration an Futter abgezogen werden.

Das „Jackpot"-Leckerchen

Wir sollten uns immer die Möglichkeit offen lassen, die Katze mit etwas ganz Besonderem zu belohnen. Dies können beispielsweise die heiß geliebten Leckerchen sein, mit denen wir sonst nicht clickern.

In Momenten, in denen die Katze einen (für sie) besonders schwierigen Teilschritt geschafft hat, in denen sie eine komplette Verhaltenskette beherrscht oder in dem sie über ihren eigenen Schatten ge-

sprungen ist, können wir so mit dem Jackpot-Leckerchen zu einem extra positiven Erlebnis machen. Dies motiviert Katze und Halter nur noch mehr.
Es kann für manche Katzen auch Sinn machen, ein solches Jackpot-Leckerchen zum Abschluss jeder Trainingssession zu geben: das hilft, damit das Clickern in positiver Erinnerung bleibt und die Katze beim nächsten Mal wieder gern mitmacht.

So bekommt Tierheimkatze Mira beispielsweise zur Belohnung 1-2x die Woche Pate Deluxe (Super-Jackpot) und sonst Stängchen.

Der Clicker

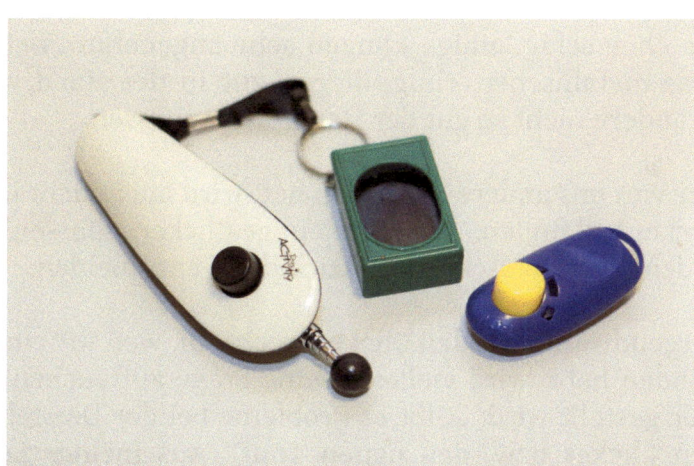

Der Clicker an sich ist ein einfacher "Knackfrosch", der bei Knopfdruck ein Klickgeräusch von sich gibt. Er ist in vielen verschiedenen Varianten erhältlich: mit oder ohne "Knopf", mit oder ohne Targetstick, Doppelclicker, Einzelclicker, mit besonders lauten oder leisem Geräusch, in kleiner, handlicher Form oder etwas größer usw.

Auch die Auswahl an Herstellern, Marken, Formen und Farben ist riesig. Dabei muss kein spezieller "Katzenclicker" angeschafft werden: auch jene Ausführungen für Hunde eignen sich für das Training mit der Samtpfote.

Den "richtigen" Clicker finden / den Clicker wechseln?

Die Frage ist ja: Gibt es den „richtigen" Clicker überhaupt? Auf dem Markt finden wir die verschiedensten Clicker: Sie sind mal leiser und mal lauter, sie sind mal speziell geeignet für Hunde oder eben für Katzen, einige haben eine „Knochen-Form", einige sind eher rundlich oder andere eher eckig, einige klingen sehr angenehm „weich" und andere etwas metallischer, einige liegen gut in der Hand, während sich wieder andere nicht so gut der Handform anpassen.

Und da jeder von uns andere Vorlieben hat, wird auch nicht jeder den gleichen Clicker toll finden. Ihr solltet einige Clicker anfassen, ausprobieren und dem Klang lauschen und Euch dann entscheiden.

Solltet Ihr irgendwann mal den Clicker wechseln, weil Ihr einen „besseren" gefunden habt, wird vielleicht eine Frage auftauchen, die mir nun häufiger gestellt wird: „Gibt es Probleme bei der Umstellung auf einen neuen Clicker bzw. den neuen Ton?" Aus meiner Erfahrung kann ich diese Frage mit einem klaren „*Nein*" beantworten, da sich bisher alle Katzen sofort umgewöhnt haben und es auch keinerlei Verwirrung gab. Da müsst Ihr Euch also keine Sorgen machen.

Weitere hilfreiche Utensilien

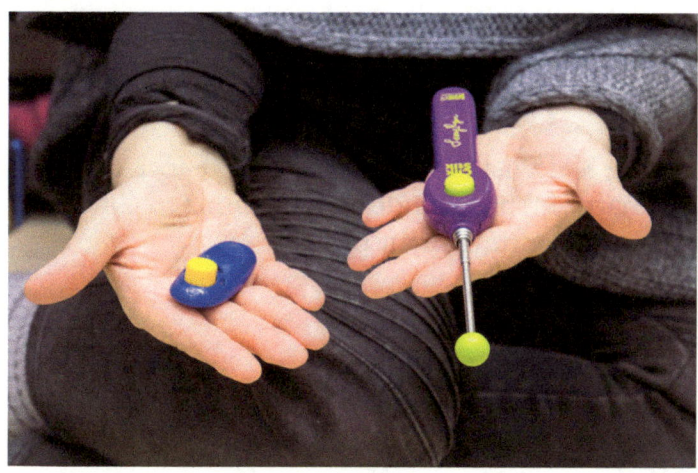

Neben dem handelsüblichen Clicker gibt es eine ganze Reihe von weiteren Utensilien, die wir im Lauf des Clickertrainings nutzen können. Angefangen beim Targetstick, über die Leckerchentasche, bis hin zu Hürden, Reifen, Slalomstangen und vielem mehr.

Der Targetstick dient dazu, die Katze bei bestimmten Tricks zu lenken oder dient als „Ziel", das die Katze mit Pfote, Nase oder einem anderen Körperteil berühren soll. Wir können dabei sowohl einen getrennten Targetstick nutzen als auch einen Targetstick mit integriertem Clicker. Letzterer hat den Vorteil, dass wir eine Hand mehr im Training frei haben.
Theoretisch ist das Benutzen eines Targetstabs nicht zwingend nötig: viele Katzen verstehen das Ziel des Tricks auch, wenn man sie mit der Hand – oder mit Leckerchen – lockt.

Die Leckerchentasche hilft uns, die Leckerchen außer Reichweite der Katze - und trotzdem bequem erreichbar - zu verstauen. Oft ist an ihr auch ein Clip befestigt, mit dem man sie am Gürtel oder den Gürtelschlaufen der Hose anbringen kann.

Das erleichtert einen Positionswechsel ohne viel Brimborium. Eine solche Tasche ist jedoch kein „Must-Have": nicht wenige Katzen lassen sich darauf trainieren, die Leckerchen „in Ruhe" zu lassen und das Aufnehmen der Leckerchen bei einem Positionswechsel ist auch kein großer Aufwand.

Reifen, Hürden, Slalomstangen, Motiv- oder Farbkarten machen dann Sinn, wenn man entsprechende Tricks einüben will. Für Anfängertricks ist eine Anschaffung nicht nötig.

Clicker-Utensilien selber machen

Nicht alle der bereits angesprochenen Utensilien brauchen wir bei jedem Training und manche davon müssen wir auch nicht extra kaufen: wir können sie auch günstig selbst machen oder einfache Alltagsgegenstände dafür zweckentfremden.

Wer beim Targettraining nicht den Zeigefinger nutzen will (das geht selbstverständlich auch), kann beispielsweise einen Stift, einen ausgedienten Kochlöffel oder auch den Stab einer (alten, zefledderten) Spielangel zweckentfremden. Auch ein Holzspießchen, auf welches wir eine kleine Styroporkugel stecken, eignet sich hier und sogar ganz besonders für sehbehinderte Katzen. Wer das Ende des Kochlöffels oder die Styroporkugel farbig anmalt, macht die Arbeit mit dem Target noch einmal etwas deutlicher verständlich.

Statt einer Leckerchentasche können wir auch einfach eine Tasse, ein Glas, einen alten (natürlich ausgewaschenen) Joghurtbecher oder den abgetrennten Boden einer Plastikflasche nutzen.

Wer mit seinen Katzen gerne das Slalomlaufen trainieren, sich aber nicht extra teures Spezialequipment kaufen möchte, kann einfach gefüllte Wasser-/Plastikflaschen als Slalomstangen nutzen. Gefüllt sollten sie deshalb sein, weil die Katze sie nicht selten beim Slalomlaufen berührt: leere Flaschen kippen dann um, verursachen laute Geräusche und Chaos – das erschreckt viele Katzen und bringt das Training durcheinander.

Statt Hürdengestelle und -Stangen zu kaufen, können wir einen einfachen Besenstiel, den Stab einer ausgedienten Spielangel oder das ausgestreckte Bein nehmen: auch darüber kann die Katze wunderbar springen.
Wer der Katze antrainieren möchte, auf einem erhöhten Platz zu sitzen, braucht keine Hocker oder Podeste zu kaufen: ein umgedrehter Eimer oder Wäschekorb tuts auch.

Die Clicker-Katzen-Typologie

Viele Katzen lassen sich in bestimmte "Clickertypen" einteilen – je nachdem, wie (schnell) sie begreifen, was sie tun, wenn sie nicht weiterwissen und wie schnell ihre Motivation oder Konzentration nachlässt. Eine solche (grob umrissene) Einteilung kann uns helfen, mögliche Trainingswege für die eigene Katze zu finden und mit "Misserfolgen" umzugehen.

Typ A: Der übermotivierte Clicker-Star:
Mit einem Typ A habe ich (Jasmin) im Tierheim angefangen zu clickern: Kätzin Shiwa, 14 Jahre alt, verhaltensauffällig, dem Tod soeben von der Schippe gesprungen. Typ A Katzen sind in der Regel selbstbewusst, offen, präsent, übermotiviert, teilweise (bevor sie das Clickern

Kapitel 1

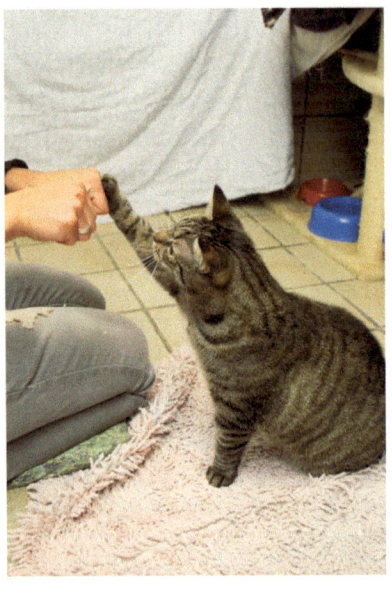

erlernt haben) hyperaktiv und im Regelfall immer gut gelaunt.

Besucher lernen sie oft als kleine „Clowns" kennen, die jeden mit ihrem Charme um den kleinen Finger bzw. um die kleine Pfote wickeln können. Obwohl sie meist als hochintelligent gelten und auch eingeschätzt werden, müssen sie zuallererst lernen, sich zu konzentrieren und auch mal Ruhe walten zu lassen.

In ihrem Leben geht es nämlich meist um Action, Spiel, Spaß und Spannung, quasi wie bei einem Überraschungsei.

Beim Clickern gehts allerdings dann um die Konzentration und den Fokus auf das langsame und intensive Arbeiten mit dem Menschen.
Typ A Katzen sind motivierte und ambitionierte Clickerer, die im Grunde genommen alles lernen können, wenn sie denn adäquat gefördert werden. Katze Mira (siehe Foto) ist ein A-Typ.

Typ B: Der Poser:

Katzen sind elegante und wunderschöne Tiere und einigen von ihnen ist dies bewusster als anderen.

Armani, der wunderschöne, rote BKH-Mix Kater aus unserem Tierheim, den viele meiner Clicker-Teilnehmer kennen lernen durften, gehört perfekt in diese Kategorie. Typ B Katzen sind immer motiviert, solange die Motivation nicht müde wird und von alleine umfällt und mit ihr der gesamte Katzenkörper.

Wenn ich im Clicker-Workshop den Teilnehmern etwas erklärt habe, legte sich Armani demonstrativ auf den Boden und war „einfach nur schön". Das Gequatsche (was natürlich für die Teilnehmer wichtig war um die Theorie der Lerngesetze zu verstehen) langweilte Armani so sehr, dass er lieber allen zeigte, wie schön er liegen und wie süß er alle charmant „anlächeln" kann. Ja, man muss ihn einfach lieb haben!

Auch Typ B Katzen sind motiviert und ambitioniert, aber sie brauchen zwischendurch immer mal wieder eine Extra Portion „Motivation", um sich nicht zu langweilen. Hier ist dann der Mensch gefragt, der das Clickertraining in diesem Fall noch abwechslungsreicher gestalten sollte.

Typ C: Der gemütliche Bär:

Beim Typ C hat man immer so das Gefühl, man befinde sich mitten im Dschungelbuch und Balu der Bär singt: „Probiers mal mit Gemütlichkeit, mit Ruhe und Gemütlichkeit....". Perfekter kann man es kaum erklären.

Wir treffen hier auf meistens liebe, ruhige und unproblematische Katzenpersönlichkeiten, die alles völlig ruhig und locker angehen, fast vollständig stressfrei sind und sich unheimlich gerne die Sonne auf den Pelz scheinen lassen.

Wollen diese Katzen wirklich clickern? Ja, wollen sie, aber eben nur in Maßen und in speziell auf sie „zugeschneiderten" Trainingsplänen. Viele nennen Typ C Katzen dumm oder faul, aber das ist erstens ungerecht und zweitens stimmt das absolut nicht. Sie sind eben einfach nicht so ambitionierte Clickerer wie beispielsweise der A-Typ, aber wen kümmert das? Ich bin auch keine ambitionierte Sportskanone und gehe dennoch liebend gerne mit Odin (meinem Tierheim-Stammhund) im Wald spazieren.

Das eine schließt das andere ja nicht aus und deshalb können wir hier festhalten, dass diese Katzen auch gerne clickern, aber man die Clicker-Sessions für sie gerne mit einer Portion „Schmusen" und einer Portion „Spiel" kombinieren darf, um sie auszulasten und glücklich zu stimmen.

Die beiden Tierheimkater Lutz und Justin fielen beide in diese Kategorie. Sie haben ein Zuhause gefunden.

Typ D: Der Normalo
Ja, es gibt auch „normale" Clicker-Katzen. Ich würde diese Katzen als

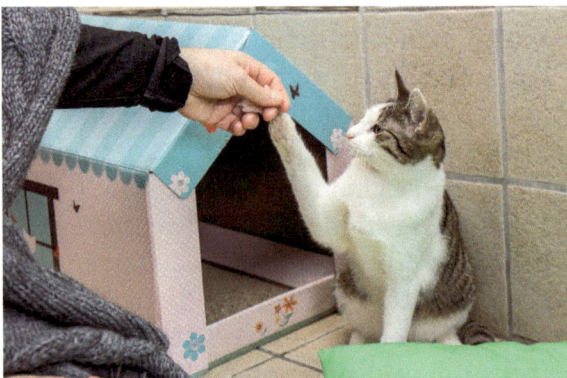

„normal" motiviert bezeichnen und als völlig unkompliziert.

Sie möchten nicht gern im Mittelpunkt stehen, brauchen Ruhe und einen konzentrierten Fokus aufs Training.

Typ – D Katzen sind aufmerksam und lernen gemächlich, aber intensiv. Das Gelernte lässt sich gut abrufen und es lassen sich viele Tricks erlernen. Persönlich glaube ich jedoch, dass es nur sehr wenige Katzen gibt, die sich in diese Kategorie einordnen lassen. Tierheimkatze Clarke ist beispielsweise eine solche Katze.

Typ E: Die kleine Elfe:
Wer meinen Kater Peach kennt, weiß sofort, was ich mit „Elfe" meine.

Durch viele Unterhaltungen und den Austausch mit Katzenfreunden ist mir mittlerweile bekannt, dass viele Siamesen und Siamesen-Mix-Katzen oft ins „Elfenland" abdriften und nicht so schnell wieder daraus hervor kommen.

Anfangs sind sie meist sehr motiviert und aufmerksam, bis sie dann innerhalb weniger Sekunden und ohne jeglichen, ersichtlichen
Grund plötzlich einen starren Blick bekommen und nicht mehr ansprechbar sind.
Man hat das dumpfe Gefühl, sie würden Elfen und kleine bunte Drachen sehen. Weder durch Leckerchen, noch durch Spiel oder Berührung kann man sie aus diesem Zustand zurück"beamen". Wenn das Abdriften bereits passiert ist, ist die Clicker-Session für diesen Tag beendet, aber wenn man seine Katze kennt, kann man oft subtile Signale erkennen, bevor es passiert.

Wichtig ist, dass man dann sofort reagiert und das Clickern mit einem ganz einfachen Trick und einer großen Belohnung beendet und somit seine Katze gerne danach ins Elfenland abdriften lässt. So sind Mensch und Katze glücklich & zufrieden, ohne unnötigen Schnickschnack zu veranstalten.

Die Tricks

In diesem Kapitel erfährst du, wie du deine Katze auf den Clicker konditionierst und verschiedene Tricks einübst. Dabei kannst du auch alternative Trainingswege nachlesen und ebenso, worauf du beim Training achten solltest.

Begriffserklärungen

Bei der Beschreibung des Clickertrainings werden verschiedene Begriffe genutzt. Diese sollen hier vereinfacht erklärt werden:

Capturing: „Capturing" bedeutet nichts anderes, als dass wir natürliches Verhalten der Katze einfangen und verstärken. Sie bietet von sich aus bestimmte Handlungen an, die wir in der Folge positiv besetzen und mit Codeworten/Handzeichen so verknüpfen, dass die Katze sie in Zukunft auf Kommando zeigt. Beispiele dafür wären: Sitzen, Hinlegen, Gähnen, Miauen etc.

Shapen: Beim „Shapen" formen und verstärken wir das Verhalten der Katze derart, dass sie in der Folge Verhalten zeigt, welches sie natürlicherweise (in dieser Reihenfolge) eher nicht von allein zeigen würde. Wir bauen Tricks Schritt-für-Schritt auf und ermutigen die Katze mithilfe des Clickers. Beispiele für das Shaping wären: auf die Waage gehen, in die Transportbox gehen, Pfote geben

Verhaltenskette: Soll die Katze nicht nur einen Trick, sondern mehrere Tricks nacheinander ausführen, bauen wir Verhaltensketten auf: wir teilen die Kette in mehrere Teile auf, trainieren diese einzeln und „hängen" sie in der Folge aneinander. Werden mehrere aufeinanderfolgende Teile einer Verhaltenskette trainiert, erhält die Katze erst nach Abschluss des letzten Teils ihren Click und ihre Belohnung. Beispiele für Verhaltensketten sind: in die Transportbox gehen und hinlegen, Drehen und dann Sitz machen

Schritt 1: die Konditionierung auf den Clicker

"Konditionierung" bedeutet – ganz einfach zusammengefasst - nichts anders als "Verknüpfung". Bei der Konditionierung auf den Clicker wird der Katze klar gemacht, dass das Klickgeräusch mit etwas Positivem – in der Regel Leckerchen - verbunden ist. Dies kann auf verschiedenen Wegen geschehen.

Eine Möglichkeit könnte es sein, sich mit der Katze in Ruhe auf den Boden zu setzen und in unregelmäßigen Abständen zu clickern und anschließend Leckerchen zu geben. Dabei braucht (und sollte im besten Fall) die Katze nicht immer das gleiche Verhalten zeigen. Sie soll in diesem ersten Schritt kein bestimmtes Verhalten mit Click und Leckerchen verbinden, sondern sich ganz in Ruhe auf den Zusammenhang zwischen Click und Belohnung konzentrieren können. Dabei kann sie ruhig herumlaufen, sitzen oder liegen – solange sie nicht zu sehr abgelenkt ist, um den Click zu bemerken.

Eine weitere Möglichkeit wäre es, die Katze direkt aktiv am Geschehen zu beteiligen und ihr quasi ganz "nebenbei" den Zusammenhang "Click = Positiv" nahe zu bringen. Jasmin zum Beispiel erreicht das, indem sie ihre Clickerkatzen am Anfang mit dem Targetstick konditioniert und eine Berührung des Target mit Click und Leckerchen belohnt.

Welche Methode wir für uns wählen, hängt aber davon ab, wie viel wir uns und unseren Katzen zu Anfang zutrauen. Beide Methoden können zum Ziel führen, sind jedoch nicht für alle Katzen gleichermaßen geeignet.

Dass die Katze den Zusammenhang zwischen Click und Leckerchen verinnerlicht hat, können wir ganz einfach prüfen, indem wir beim nächsten Click die Zeitspanne zwischen Geräusch und Leckerchen verlängern: schaut die Katze sich suchend nach dem Leckerchen um, hats – wortwörtlich – "Klick" gemacht.

Anfänger-Tricks

Es gibt viele verschiedene Clicker-Tricks, die eher für Anfänger (-katzen wie -halter gleichermaßen) geeignet sind. Sie machen den Einstieg ins Clickern einfacher und zeigen schnell, wie die eigene Katze lernt – aber auch, wie gut wir unseren "Job" als Trainer machen.

Diese Tricks verlangen sowohl uns als auch der Katze nicht allzu viel "Gehirnschmalz" ab, sind aber gut, um sich "einzugrooven" und mit der Katze zusammen zu wachsen. Wir lernen während des Trainings dieser Tricks die Körpersignale der Katze genau zu beobachten und zu analysieren. Ebenso lernen wir das richtige "Timing".

Beides ist eine wichtige Grundlage für das Training schwierigerer Tricks.

Trick „Gib Pfote"

Bei diesem Trick soll die Katze mit der Pfote unsere Hand berühren. Er eignet sich vor allem für Anfänger.

benötigte Utensilien: Leckerchen und Clicker

Trainingsweg:
Der Trick „Gib Pfote" ist unser Basic und wird so trainiert:
- Mach eine Faust
- Zeig der Katze das Leckerchen und steck es in die Faust, halte die Hand dabei schon etwas quer
- Schließe die Hand und halte sie vor Deine Katze

Unser Ziel ist es, dass die Katze die Faust mit der Pfote berührt, also belohnen wir *alle* Schritte der Katze, die genau zu diesem Ziel führen, *egal* wie klein sie sein mögen. Katze schaut zur Faust => Click => Leckerchen. Katze riecht an der Faust => Click => Leckerchen.

Manchmal hilft es, die Hand etwas über der Katze „schweben" zu lassen, weil sie das oft mehr motiviert, dann mit der Pfote dran zu patschen. Sollte dies der Fall sein, gibt es den Click, ein großes Lecker und wir loben die Katze überschwänglich. Klappt dies nicht, sollten wir kreativ überlegen und die Hand in eine andere Position bringen. Geduld ist wie immer der Schlüssel zum Erfolg... und natürlich eine grooße Prise Kreativität.

Kann die Katze die Hand problemlos an"tatschen", ist dies das „Basic" => Herzlichen Glückwunsch!!! Klappt dieser Lernschritt gut, fangen wir an, die Hand zu drehen, so dass die Finger nach oben zeigen und lassen die Katze dort auf die Hand patschen und belohnen daraufhin. Hier gehen wir wieder genauso vor wie beim vorherigen Lernschritt.

Diese Übung wird mehrmals wiederholt, bis sie richtig sitzt. Und dran denken: Zwischendrin immer mal wieder eine einfache Übung machen (Targetstab), damit es nicht zu langweilig wird. Klappt das Patschen mit der Pfote auf der geraden Hand, wird sie nun jedes Mal ein kleines bisschen weiter geöffnet. Wichtig ist hierbei, dass wir so langsam das Leckerchen ausschleichen, was vorher immer in der Faust war. Die Katze hat ja nun gelernt, dass sie die Hand anpatschen soll.

Wir gehen weiterhin mit Geduld und in ganz kleinen Schritten vor, bis wir die Hand gerade ausstrecken können und somit die Katze die Innenseite der Hand berührt. Wenn das passiert, verhalten wir uns wieder genauso wie beim allerersten Patschen auf die Hand. Bitte die Katze nun überschwänglich loben und streicheln und natürlich vorher den Click + das Leckerchen nicht vergessen. Herzlichen Glückwunsch: Dies ist der Trick „Gib Pfote".

Alternativer Trainingsweg:
Benutzt die Katze im Alltag oder zum Beispiel im Fummelbrett öfter ihre Pfoten – ist also im Umgang mit der Pfote geübt – kann das Training des „gib Pfote" noch einfacher ablaufen: wir strecken ihr die geöffnete Hand mit dem Handteller nach oben sofort hin und bieten sie ihr an. Bei manchen Katzen kann auch ein Leckerchen auf dem Handteller helfen, damit sie die Pfote einsetzt. Eine Berührung der Handfläche mit der Pfote wird entsprechend geclickt und belohnt.

Andererseits kann es bei manchen Katzen auch helfen, ein Leckerchen auf den Boden zu legen und die ausgestreckte Hand mit der Handfläche nach unten über das Leckerchen zu legen bzw. zu halten. Berührt die Katze die Hand beim Versuch das Leckerchen zu angeln, wird geclickt und belohnt.

Trick ausbauen:
Du kannst diesen Trick zum "High Five" (Seite 41), "Fingertip" (Seite 54) oder zur "Faust" (Seite 54) ausbauen.

"Gib Pfote"

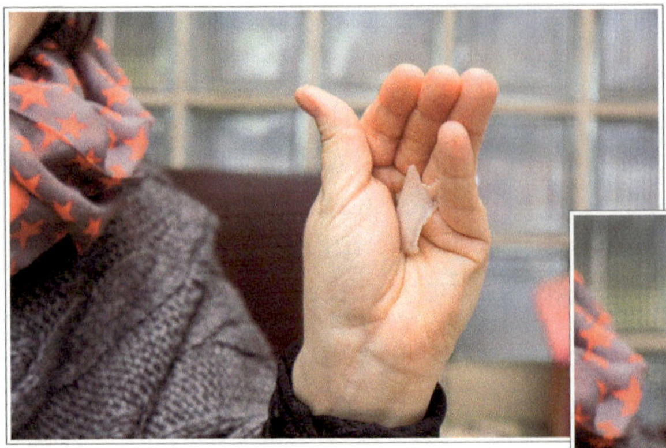

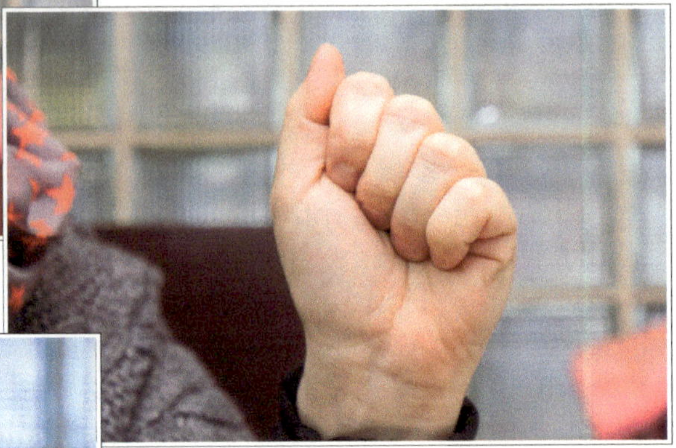

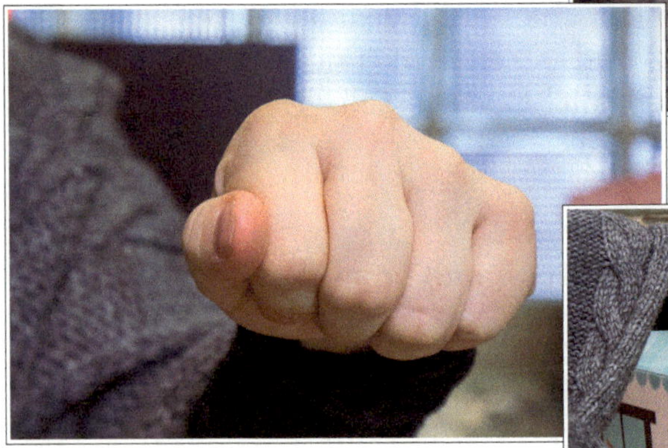

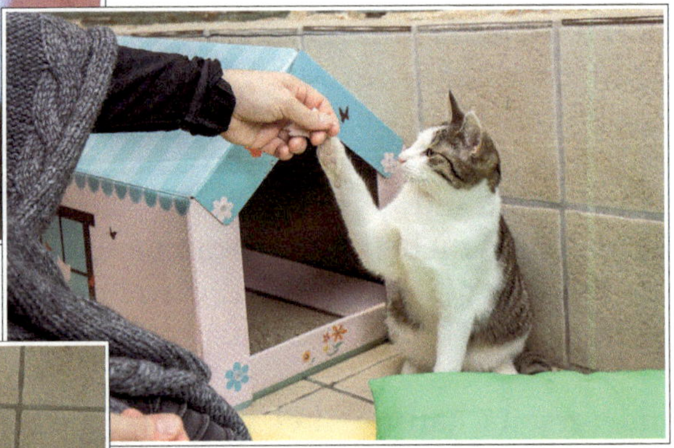

Trick "High Five"

Die Katze soll bei diesem Trick unsere aufgerichtete, geöffnete Handfläche mit der Pfote berühren. Auch dieser Trick eignet sich für Anfänger.

benötigte Utensilien: Clicker und Leckerchen

Trainingsweg:
Das High Five ist im Grunde genommen eine Modifikation des „Gib Pfote". Die Basis ist hier dieselbe, nur dass wir der Katze beibringen müssen, dass sie nun den Handteller berühren soll, der vor Ihrer Nase schwebt. Außerdem ist die Hand in dieser Position umgedreht, was aber für die meisten Katzen kein Problem darstellt.

Da Tiere durch Erfahrungen lernen und auch sehr gute Verknüpfungen herstellen können, haben die meisten Katzen diesen Trick schnell raus, denn sie haben ja vorher schon gelernt, dass es meistens einen Klick gibt, wenn man die Hand in irgendeiner Art und Weise berührt.

Normalerweise hilft es hier, sich einfach die Schritte vom Basic zur „Gib Pfote" – Position vor Augen zu halten, nur dass diesmal diese Position einfach nach oben hin gedreht wird => Auf den Fotos kann man das besser erkennen als in der geschriebenen Form ;-) Sobald der neue Trick das erste Mal geklappt hat, bitte überschwänglich loben und ein tolles Leckerchen geben, damit sich das Gelernte wieder festigen kann.

Alternative Trainingswege:
Ebenso wie beim Trick „gib Pfote" können wir das Training für pfotenaffine Katzen hier etwas vereinfachen. Wenn die Katze gern ihre Pfoten einsetzt, um Neues kennenzulernen, können wir uns dies hier zunutze machen.

Entweder bieten wir der Katze die aufgerichtete und geöffnete Handfläche direkt an oder wir befestigen Leckerchen daran (z.B. zwischen die Finger klemmen, Klebestreifen o.Ä.). Ist die Katze dann neugierig genug und patscht daran, wird geclickt und belohnt.

Andererseits kann es bei manchen Katzen auch helfen, ein Leckerchen auf den Boden zu legen und die ausgestreckte Hand mit der Handfläche nach unten über das Leckerchen zu legen bzw. zu halten. Berührt die Katze die Hand beim Versuch das Leckerchen zu angeln, wird geclickt und belohnt. Im weiteren Verlauf des Trainings richten wir dann die Hand immer weiter auf, bis die Katze die aufgerichtete Hand vor sich sieht und diese berührt (siehe Fotos bei „gib Pfote").

Trick ausbauen: Du kannst diesen Trick beispielsweise zum "High Ten" (Seite 44) ausbauen.

Probleme mit dem Kralleneinsatz deiner Katze?
Dann lies weiter auf Seite 102....

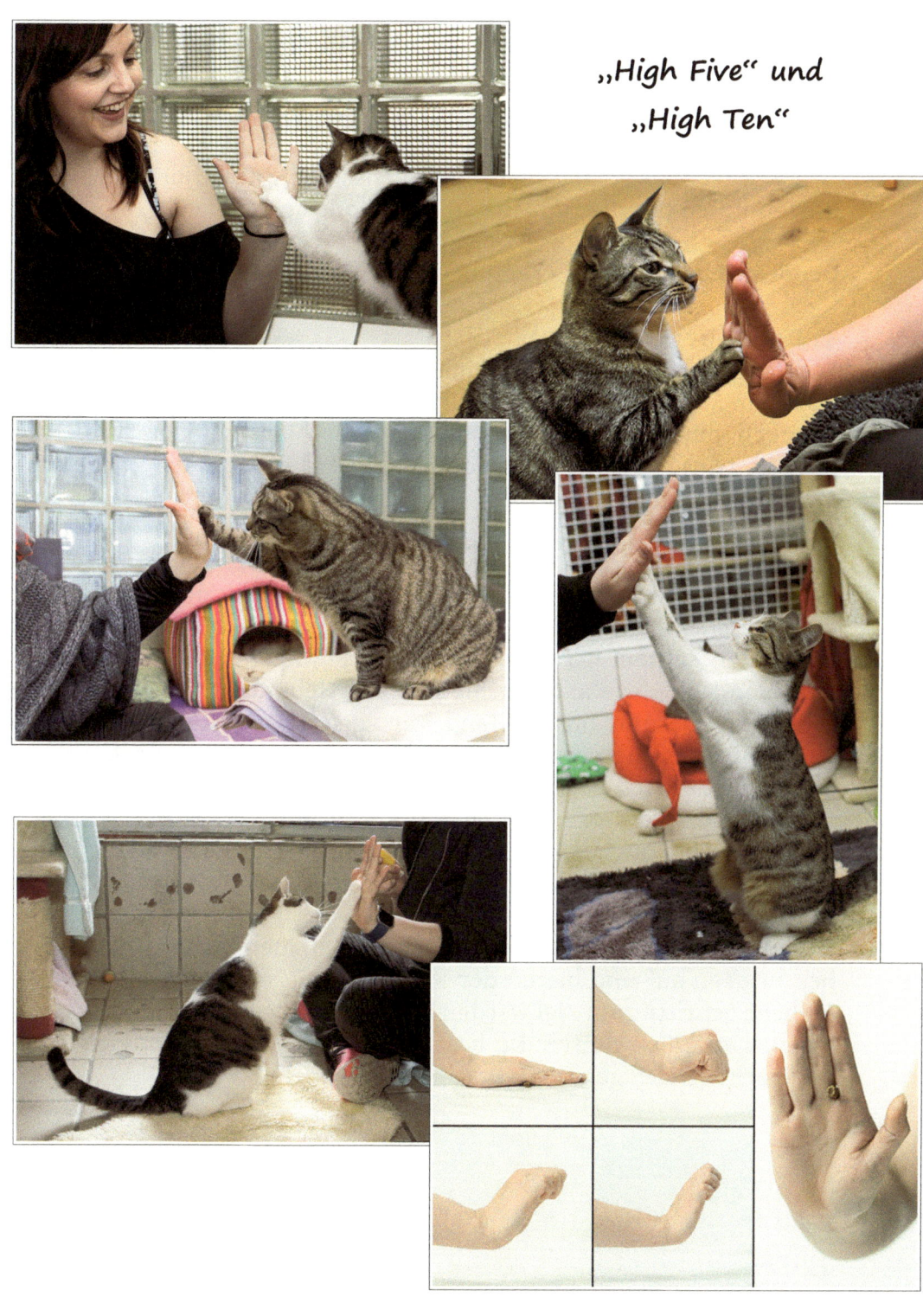

"High Five" und "High Ten"

High Ten" - oder: „Hoch die Hände, Wochenende "

Beide Katzenpfoten tatschen eine menschliche Hand an oder Beide Katzenpfoten tatschen 2 menschliche Hände an

benötigte Utensilien: Leckerchen und Clicker

Trainingsweg:
Wir fangen hier mit dem normalen „Gib 5" an und versuchen, die Hand ein Stückchen höher zu halten, so dass die Katze sich ein wenig strecken muss, um mit der Pfote an die Hand zu kommen. Hier müssen wir genau den Moment abpassen, in dem die Katze sich streckt bzw. bei dem sich die 2. Pfote etwas vom Boden abhebt.

Wenn die Katze merkt, dass der Click dem Abheben der 2. Pfote vom Boden gilt, wird sie diese Pfote höher heben, was dann wieder geclickt und zwischendrin auch mal mit einem ganz tollen Leckerli belohnt wird. Wir sollten bei dem Trick etliche kleine Zwischenschritte einbauen, um die Katze zu motivieren. Hebt die Mieze nun beide Pfoten und berührt unsere Hand, wird geclickt und überschwänglich gelobt und es gibt ein Jackpot-Leckerchen, um den Trick positiv abzuschließen. Ich benutze bei dem Trick immer nur eine Hand und möchte, dass die Katze, ihre beiden Vorderpfoten dort hin „tatscht", man kann aber auch beide Hände nehmen, so dass beide Katzenpfoten in beide Menschenhände tatschen.

Sollen hier beide Hände benutzt werden, bauen wir den Trick wie beschrieben auf und bieten der Katze im Anschluss beide Hände an. Jegliche Schritte zum Ziel werden belohnt, bis der Trick richtig sitzt. Herzlichen Glückwunsch: Du hast „High Ten" - oder: „Hoch die Hände, Wochenende" gelernt.

die Tricks „Sitz" und „Warte"

Bei diesen Tricks soll sich die Katze auf Kommando hinsetzen und später auch warten, bis das Kommando von uns aufgelöst wird. Diese Tricks beherrschen auch Anfängerkatzen recht schnell.

benötigte Utensilien: Clicker und Leckerchen, eventuell Sitzdecke o.Ä.

Trainingsweg:
Beim Clickern gibt es Tricks, die wir der Katze in der Regel nicht beibringen können, sondern die erst dann verstärkt werden (können), wenn die Katze von sich aus das Verhalten zeigt (= Capturing). Der Trick „Sitz" gehört dazu.

Viele Katzen setzen sich beim Clickertraining hin, wenn sie neugierig auf die nächste Aktion des Halters warten. Dies können wir nutzen und verstärken. Bei anderen Katzen müssen wir im Alltag einen Moment abpassen, in dem sich die Katze hinsetzt. Wir sollten Clicker und Leckerchen ein paar Tage lang bereit halten. Setzt sich die Katze hin, wird geclickt und belohnt. Dies wiederholen wir mehrere Male und zeigen / sagen dazu das entsprechende Handzeichen / Codewort. In der Folgezeit verknüpft die Katze also das Sitzen mit dem Codewort / Handzeichen.

Wir üben dies so lange, bis die Katze die Verknüpfung „Handzeichen / Codewort – Sitzen" beherrscht. Viele Katzen begreifen diesen Zusammenhang recht schnell, bei anderen Katzen müssen wir geduldig sein und sie immer wieder beim Sitzen „erwischen", um dies zu verstärken.

Trick ausbauen:
Beherrscht die Katze den Trick „Sitz" (oder auch „Platz", Seite 48), können wir ihr das Warten auf einem bestimmten Platz beibringen.

Hilfreich kann dabei in der ersten Zeit eine Sitzdecke, ein Stuhl oder dergleichen sein, damit auch für die Katze klar ist „Hier bleiben". Wir dehnen die Zeit, in der die Katze auf dem Platz sitzen /liegen soll in kleinen Schritten aus und achten genau darauf, welche Körpersprache die Katze zeigt: das Clicken bevor die Katze den Platz verlässt, ist hier äußerst wichtig. Es kann Sinn machen, sowohl für das Warten als auch für das „Aufsteh-Kommando" spezielle Codeworte/Handzeichen einzuführen, damit der Katze klar ist, wann sie warten soll und wann sie aufstehen darf.

Wer möchte, kann das Warten noch weiter ausdehnen, indem er mit der Katze trainiert, zwischenzeitlich auch bei Verlassen des Raums auf das „Aufsteh-Kommando" zu warten. Zunächst verlassen wir nur kurz den Raum, gehen sofort wieder hinein und clicken die noch sitzende/liegende Katze. Steht die Katze wieder auf, wird ihr wieder das Kommando „Sitz" bzw. „Warte" gegeben. Auch hier können wir in der Folge schrittweise die Zeit verlängern, in dem wir den Raum verlassen, während die Katze wartet.

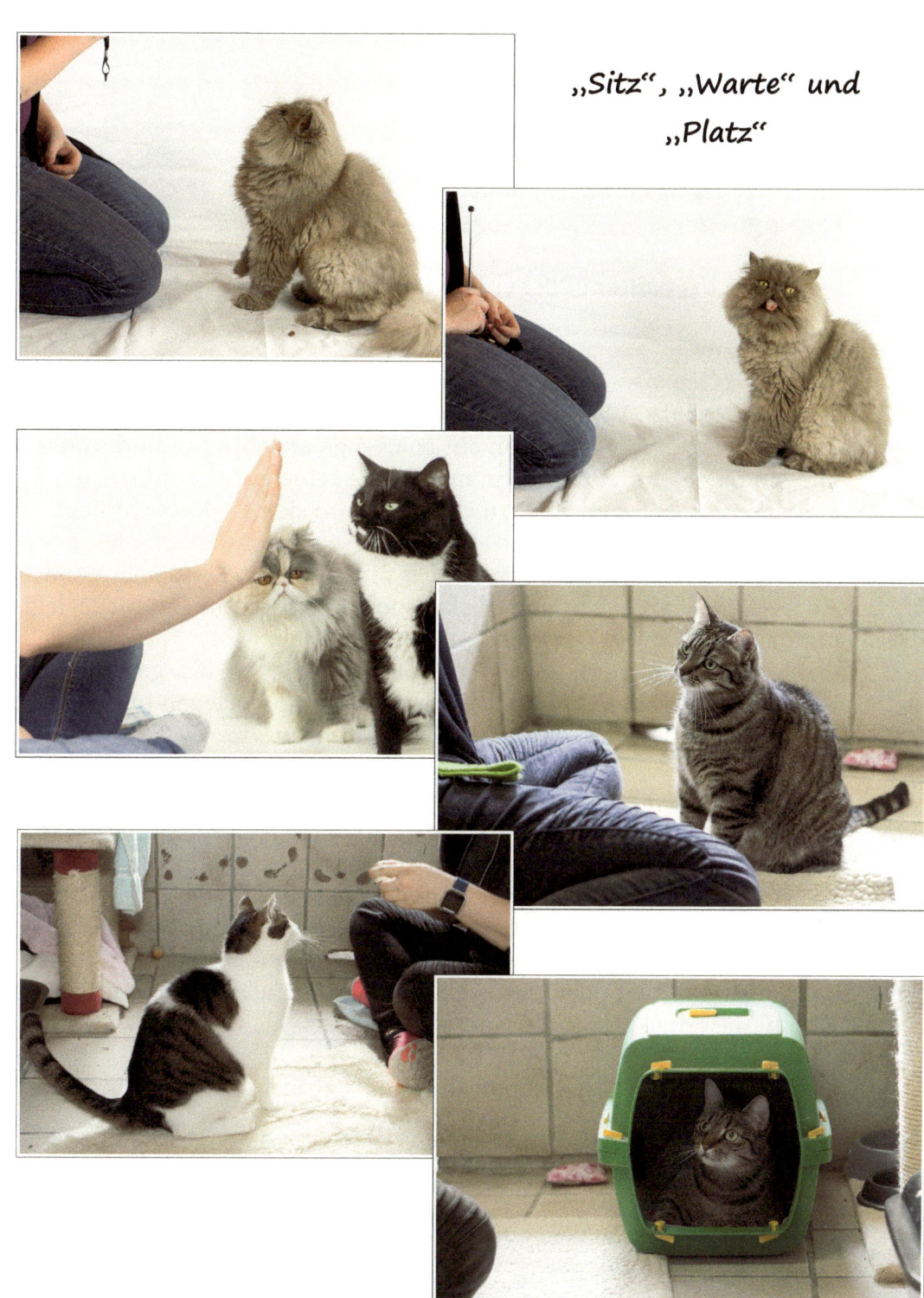

„Sitz", „Warte" und „Platz"

Trick „Platz"

Die Katze legt sich auf Kommando hin. Auch dieser Trick ist für Anfänger geeignet.

benötigte Utensilien: Clicker und Leckerchen

Trainingsweg:
Platz habe ich bisher keiner Katze als „Trick" beigebracht, sondern das gewünschte Verhalten immer per Zufall geclickt und damit verstärkt. Dafür benötigt man ein paar Tage erhöhte Aufmerksamkeit und ein bisschen Geduld, denn man sollte seine Katze gut beobachten und dann sofort bereit sein, zu clicken, wenn sich die Katze hinlegt.

Da Katzen sich sehr gerne und auch oft hinlegen, läuft man einfach ein bisschen hinterher und clickt, sobald sich die Mieze niederlegt. Darauf folgt sofort das Leckerchen und ein Lob. Nach einigen Wiederholungen kann die Katze das Niederlegen als gewünschtes Verhalten verknüpfen und wir können beim Niederlegen nun „Platz" oder ein anderes Wort als Kommando einführen.

Erst, wenn die Katze das Hinlegen mit dem Kommando verknüpfen konnte, können wir diesen Trick auch in einer anderen Situation (bei der Clicker-Session an unserem routinierten Ort) abrufen. Als Handzeichen für „Platz" lege ich meine Faust auf den Boden und sage das Wort „Platz", wobei ich bei Mira eher die ausgestreckte, flache Hand nehme und sie ins Platz rufe. Das bleibt Euch überlassen, welches Hand- und oder Lautzeichen Ihr verwenden möchtet. Wichtig ist nur, dass die Katze Euch versteht.

Herzlichen Glückwunsch, Du hast durch "Capturing" den Trick "Platz" gelernt

Trick ausbauen: Du kannst diesen Trick beispielsweise zum "Warte" (Seite 45) ausbauen.

Targetgettraining

Die Katze berührt auf Kommando einen bestimmten Gegenstand. Auch Anfängerkatzen können diesen Trick lernen. Er ist der Ausgangstrick für viele weitere Kommandos und Verhaltensketten.

benötigte Utensilien: Clicker, Leckerchen und Target(-stab oder anderer Gegenstand)

Trainingsweg:
Den Target berühren können quasi schon alle Katzen, die nach der "Clickerlöwen-Methode" konditioniert wurden, da wir die Konditionierung direkt mit dem Targetstab vorgenommen haben. Wenn man per normalem Clicker konditioniert hat, fängt man so an:

Wenn man sich mit seiner Katze gemütlich hingesetzt hat, kann man diese kleine „Antenne" mit der Kugel vorne dran einfach mal in Richtung Katze halten. Jedes Verhalten, welches in Richtung Kugel geht, wird geclickt und belohnt. Das bedeutet: Hinsehen wird geclickt, anpföteln wird geclickt, in die Nähe der Kugel kommen wird geclickt etc.. Bisher gab es nur eine Katze – unsere Foxy – die diese Kugel *niemals* berührt hat, egal wie sehr ich sie motiviert habe und egal wie ich mich zum Affen gemacht habe (und hey, das kann ich echt gut)!

Die meisten Katzen sind aber von Natur aus neugierig und wollen wissen, was es mit der Kugel auf sich hat und man braucht gar nicht so lange, bis der Trick verstanden wurde und die Katze Spaß daran findet. Für mich ist das Targetstabtraining der Beginn einer jeden Clicker-Session und erst danach beginnt das richtige „Training" mit dem Clicker.

Trick ausbauen: Der Grundtrick „Target berühren" kann in vielerlei Tricks eingebaut werden, z.B. bei „dem Target folgen" (Seite 50), „auf die Waage gehen" (Seite 81), „in die Transportbox gehen" (Seite 88) oder beim „Slalom laufen" (Seite 65).

Trick „dem Target folgen"

Die Katze soll dem Target(-stab) auf Kommando folgen. So können wir sie hin zu bestimmten Orten oder durch bestimmte Situationen leiten.

benötigte Utensilien: Clicker, Leckerchen und Target(-stab) oder Finger

Trainingsweg:
Hat die Katze erst einmal begriffen, dass sie den Target(-stab) oder den Finger mit der Nase berühren soll, ist es nicht mehr weit, ihr beizubringen, dass sie diesem (auch über weitere Strecken) folgen soll. Wir beginnen zunächst damit, den Target/Finger ein wenig von der Katze entfernt zu halten. Da sie bereits gelernt hat, sich auf den Target/Finger zuzubewegen, damit sie ihn mit der Nase berühren kann, wird sie bereits erste Schritte in die entsprechende Richtung machen.

Berührt die Katze den Finger/Targetstab mit der Nase, bewegen wir den Target ein klein wenig von ihrem Gesicht weg, so dass sie einen winzigen weiteren Schritt braucht, um ihn zu berühren. Im weiteren Verlauf bewegen wir den Target immer weiter weg und lassen die Katze hinterherlaufen. Erst dann, wenn die Nase den Target berührt, clicken wir und die Katze wird entsprechend belohnt.

Trick ausbauen:
Dieser Trick eignet sich sehr gut als Grundlage für Verhaltensketten, bei denen wir möchten, dass die Katze auf etwas zugeht oder über etwas hinüber. So können wir auf das "Target folgen" beispielsweise das "auf die Waage gehen" (Seite 81), "Männchen machen" (Seite 55) oder "Slalom laufen" (Seite 65) aufbauen.

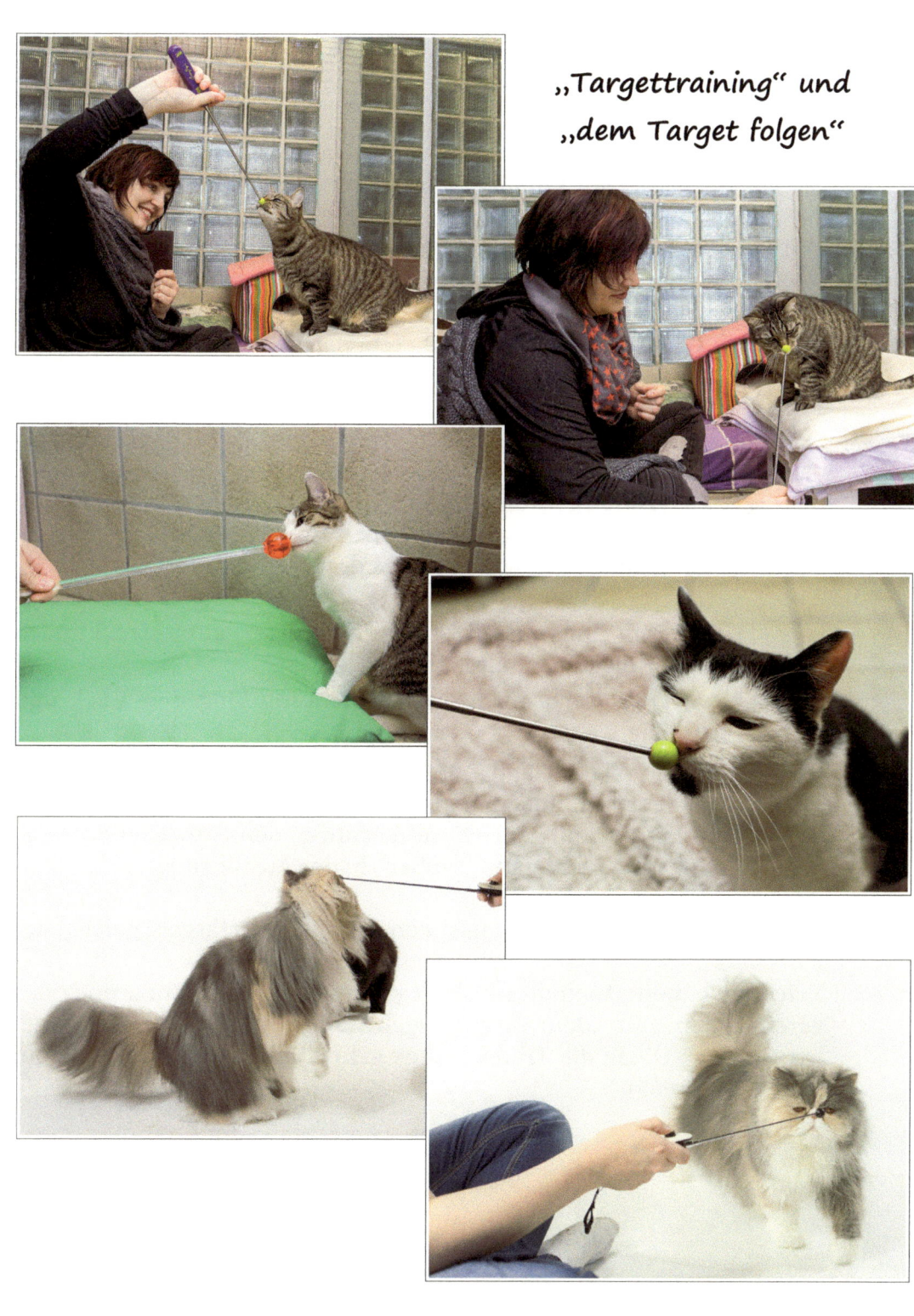

„Targettraining" und „dem Target folgen"

Trick „Fingertarget"

Die Katze berührt auf Kommando unseren ausgestreckten Finger mit der Nase. Dieser Tricks wird von fast allen Katzen sehr schnell gelernt und ist in der Regel aufgrund ihrer natürlichen Neugier einer der Tricks, die kein "richtiges" Training benötigen.

benötigte Utensilien: Clicker, Leckerchen und Finger

Trainingsweg:
Eine Katze, die gelernt hat, den Targetstab zu berühren, kann prinzipiell lernen, auch jedes andere Objekt mit der Nase zu berühren. Außerdem sind die meisten Katzen neugierig genug, um den Finger (der ihnen vor die Nase gehalten wird) zu beschnüffeln, denn es könnte ja im Grunde auch was Leckeres dran haften.

- Finger (am sinnvollsten ist der Zeigefinger) ausgestreckt nach oben vor die Katze halten -
- Bewegt die Katze ihre Nase in Richtung Finger => Click und Leckerchen
- Berührt die Katze den Finger => Click und Leckerchen
- Bitte danach immer nur noch belohnen, wenn die Katze auch den Finger mit der Nase berührt, denn sonst wird das Kommando nicht ganz „sauber" in der Ausführung.

Herzlichen Glückwunsch: Du hast den Trick „Fingertarget" gelernt.

Trick ausbauen: Auch dieser Trick kann das Training anderer Tricks vereinfachen, z.B. „dem Target folgen" (Seite 50), „auf die Waage gehen" (Seite 81), „in die Transportbox gehen" (Seite 88) oder „Slalom laufen" (Seite 65).

„Fingertarget"

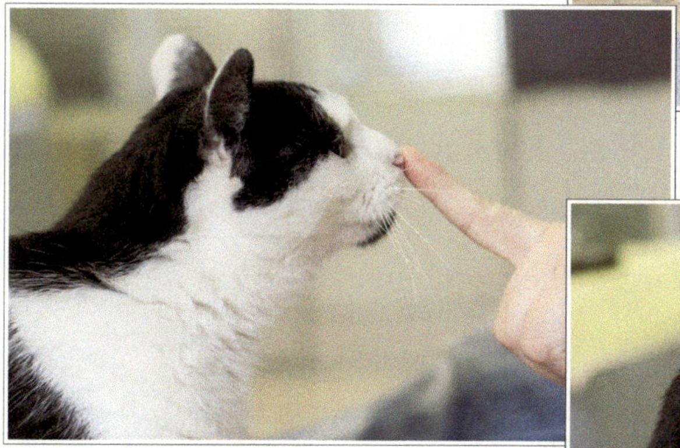

Trick „Faust"

Die Katze soll auf Kommando mit der Pfote die Faust berühren.

benötigte Utensilien: Clicker und Leckerchen

Trainingsweg:
Die Faust ist ja im Grunde bloß eine klitzekleine Veränderung des „Basic", denn eigentlich haben wir die Faust beim Basic nur etwas seitlich gedreht, so dass wir nicht viel machen müssen, um diesen Trick zu erlernen. Da die Katze beim „Basic" gelernt hat, dass es toll ist, wenn man die Hand berührt, wird sie nicht lange brauchen, die Faust zu berühren, wenn wir ihr diese hinhalten. Auch hier wird jegliches Verhalten geclickt und belohnt, was zum Trick führt, wobei die meisten Miezen tatsächlich sofort verstehen, was hier gewünscht ist ;-) Ich mag den Trick, weil er so einfach ist und man ihn immer wieder zwischendurch einbauen kann.

Herzlichen Glückwunsch: Du hast den Trick „Faust" gelernt.

Trick „Fingertip"

Die Katze soll bei diesem Trick auf Kommando mit der Pfote unseren ausgestreckten Finger berühren.

benötigte Utensilien: Clicker und Leckerchen

Trainingsweg:
Auch der „Fingertip" ist eine kleine Variation des „Basic Gib Pfote", die einfach zu erlernen ist. Für die Abwechslung sind solch kleine Variationen und Veränderung schon bestehender Tricks wirklich wertvoll.

- Ausgangsposition ist der Trick „Faust"
- Wir drehen die Faust dann einmal um 180 Grad
- Die Faust wird der Katze hingehalten
- Will die Katze pföteln, strecken wir den Zeigefinger schnell aus, so dass sie im besten Fall sofort den Zeigefinger berührt (Click + Lecker)
- Diese schnelle Variation müssen wir als Mensch auch erst mal üben, denn wir agieren und die Katze reagiert, also schön konzentrieren
- Wenn wir diese Übung einige Male gemacht haben, bepfötelt die Katze meistens auch schon von alleine den ausgestreckten Zeigefinger und erkennt den Trick als „eigenständig" an, so dass man ihn ab sofort als neue Variante einführen kann.

Herzlichen Glückwunsch: Du hast den Trick „Fingertip" gelernt.

Trick „Männchen"

Bei diesem Trick soll die Katze sich auf Kommando auf die Hinterbeine stellen und die Vorderpfoten nach oben ausstrecken. Die Ausführung kann je nach Charakter, Alter und Fitnesslevel der individuellen Katze sehr unterschiedlich ausfallen.

benötigte Utensilien: Clicker und Leckerchen (+ eventuell Targestab)

Trainingsweg:
Männchen machen ist eine tolle Übung, die jede Katze anders lernt und ausführt. Einige krallen sich „bärenartig" direkt um die gesamte Hand, während andere sich quasi auf den Poppes setzen und die

Pfötchen in die Luft strecken. Hierbei gibt es kein Falsch oder Richtig, denn jede Interpretation der Katze kann schön aussehen und belohnt werden. Wir arbeiten mit dem Locken:

- Leckerchen in die Hand nehmen, am besten zwischen Daumen und Zeigefinger
- Der Katze das Leckerchen zeigen und dann langsam über ihren Kopf halten
- Die Hand langsam etwas höher heben
- Manche Katzen muss man direkt bremsen, weil sie übermotiviert sind und gerne die gesamte Hand zerfleischen würden. Es hilft oft, wenn man die Hand erst leicht über den Kopf der Katze hält und dann immer weiter nach oben steigen lässt.
- Zuerst werden alle Schritte belohnt, die die Katze zum Erreichen des Gesamtziels erbringt
- Wenn wir es geschafft haben, dass die Katze den Trick „fast perfekt" kann, achten wir auf eine gesunde Portion Perfektion
- Dann wird ausschließlich die richtige Ausführung des Tricks „Mach Männchen" belohnt.

Alternativer Trainingsweg:
Das „Männchen" machen kann auch mithilfe des Targetstabs oder des Finger(tip)s trainiert werden. Da die Katze bereits weiß, dass sie den Finger/Targetstab mit der Nase berühren und ihm folgen soll, können wir ihn einfach über dem Kopf der Katze platzieren. Aufgeweckte, neugierige Katzen werden sofort wissen, was sie zu tun haben.

Alle anderen Katzen (auch ältere oder bewegungseingeschränkte Katzen) können wir helfen, indem wir den Finger/Targetstab Schritt-für-Schritt ein klein wenig höher halten und jede kleine Annäherung an den Target clicken und belohnen.

„Faust", „Fingertip" und „Männchen"

Tricks für Fortgeschrittene und Profis

Sind Katze und Halter im Clickertraining schon etwas fortgeschrittener, können auch schwierigere Tricks oder Verhaltensketten trainiert werden. Auch hierbei ist es weiterhin wichtig, das Verhalten der Katze genau zu beobachten, eigene Lösungswege zu finden und die Katze mit möglichst einfach verständlichen Kommandos zu leiten.

Trick „unter dem Bein herlaufen"

Bei diesem Trick soll die Katze unter dem ausgestreckten Bein herlaufen

benötigte Utensilien: Clicker und Leckerchen, eventuell Targetstab

Trainingsweg:
Wir sprechen hier von einem Trick, bei dem die Katze unter unserem Bein her"gehen" oder her"kriechen" soll. Relativ einfach klappt es mit einem Lock-Leckerli. Also: Wir setzen uns hin und winkeln beispielsweise das rechte Bein an. (Anlehnen ist hilfreich, um die Katze mit Wippen beim Ausbalancieren nicht abzulenken!).

Die Katze sollte vor uns sitzen und aufmerksam schauen. Dann nehmen wir ein Leckerchen in die rechte Hand und strecken es unter unserem Bein in Richtung der Katze aus. (Rechte Hand => Leckerchen => von rechts nach links zur Katze unter das Bein durchschieben). Jegliche Aktion zum Bein hin wird geclickt und belohnt. Wir locken die Katze mit dem Leckerchen unter das Bein und lassen dann schrittweise die Hand als Hilfe weg.

Das Leckerchen wird dann unter das Bein gelegt und es wird geclickt, wenn die Katze sich das Leckerchen holt => es ist erst mal egal, ob mit der Pfote oder mit dem Mund. Dann wird das Leckerchen immer ein kleines Stück weiter rechts neben das Bein gelegt, bis die Katze Stück für Stück unter dem Bein herläuft.

Der Trick sitzt, wenn die Katze in „einem Rutsch" durch das angewinkelte Bein läuft und am Ende gespannt auf Click und Leckerchen wartet. Eventuelle Problematik: Die Katze läuft nicht unter dem Bein durch, sondern versucht außen herum zu laufen.

Mögliches Problem: Die Katze scheint eventuell überfordert zu sein. Wir sollten hier die Schritte verkleinern und die Katze etwas intensiver unter das Bein locken, also mehr Clicks für Zwischenschritte benutzen und vielleicht die Leckerchenrate bzw. die Leckerchenart verändern.

Herzlichen Glückwunsch: Du hast den Trick „unter dem Bein herlaufen" gelernt.

Alternativer Trainingsweg:
Statt die Katze mit einem Leckerchen zu locken, kann hier auch der Targetstab genutzt werden. Der Targetstab wird unter dem Bein hergeführt oder direkt an der der Katze gegenüberliegenden Seite des Beins gehalten. Da sie es bereits gewohnt ist, sich auf den Targetstab hinzubewegen, wird sie auch dieses Mal versuchen, ihn zu erreichen. Es werden nun nur jene Versuche geclickt und belohnt, bei denen die Katze *unter* dem Bein hergeht - geht die Katze *über* das Bein, wird sie nicht belohnt.

Trick „über Hürden/das Bein springen"

Bei diesem Trick soll die Katze auf Kommando über das ausgestreckte Bein/eine Hürde springen

benötigte Utensilien: Clicker und Leckerchen, eventuell Hürde und Targetstab

Trainingsweg:
Dieser Trick dient Katze und Mensch gleichzeitig, da wir hier eine wunderbar lustige Sporteinheit einbauen können. Bevor wir loslegen, bitte einmal schauen, wie man am bequemsten sitzen und gleichzeitig das Bein anheben kann. Zuerst liegt das Bein flach ausgestreckt auf dem Boden und die Katze sitzt im besten Fall direkt vor uns.

Wir nehmen das Leckerchen zwischen die Finger und locken die Katze bis zum Bein => Click und Leckerchen. Jeglicher kleine Teilschritt bis zum Überqueren des Beines wird geclickt und belohnt, bis die Katze ohne Probleme in einem Schritt über das Bein „geht". Einige Katzen sind sehr flott und überspringen die Teilschritte, also immer schön aufmerksam bleiben.

Klappt der Trick und die Katze geht problemlos über das Bein, können wir es ein wenig anheben. (Hier wird´s akrobatisch und es ist volle Konzentration gefragt: Sicher sitzen, Bein hochheben, Balance halten, Katze locken, im richtigen Moment clickern und das Atmen nicht vergessen).

Klappt das Springen, kann man das Bein noch etwas höher heben und somit das Schwierigkeitslevel ein wenig erhöhen. Hat die Katze gelernt, dass „Springen" erwünscht ist und Spaß macht, kann man ihr auch Hürden schmackhaft machen. Auch dort gilt: Klein anfangen und sich ganz langsam steigern.

alternativer Trainingsweg:
Wie ich beim Trick "unter dem Bein herlaufen" kann dieser Trick mit dem Targetstab ausgeführt werden. Statt mit dem Leckerchen zu locken, wird der Katze hier der Targetstab als "Ziel" auf die gegenüberliegende Seite der Hürde/des Beins gehalten. Auch hier erhöhen wir mit der Höhe der Hürde/des ausgestreckten Beins langsam den Schwierigkeitsgrad für die Katze.

Trick „durch einen Reifen springen"

Bei diesem Trick soll die Katze auf Kommando durch einen Reifen springen.

benötigte Utensilien: Clicker und Leckerchen, Reifen

Trainingsweg:
Wie bekommen wir die Katze durch den Reifen? Wir fangen natürlich wieder ganz klein an. Der Reifen wird erst mal auf den Boden gestellt und festgehalten. Jedes Verhalten, was in Richtung Reifen geht, wird geclickt und belohnt, sprich: In Richtung Reifen schauen, in Richtung Reifen gehen, den Reifen beschnüffeln, den Reifen bepföteln etc.

Einige Katzen sind natürlich flotter als andere, die gehen einfach mal direkt durch den Reifen, bei allen anderen clicken wir weiterhin jeden positiven Schritt. Also wenn die Katze quasi mit einer Pfote über dem unteren Rand des Reifens steht, wird geclickt, dann wenn sie ein Stück weiter geht, wird geclickt, wenn sie fast durch ist, wird geclickt und wenn sie ganz durch ist, clicken wir und loben überschwänglich und geben eine tolle Portion Leckerchen als Belohnung.

Trick ausbauen: Der Trick kann langsam „gepimpt" werden, indem wir den Reifen auch mal höher halten, so dass die Katze durch springen muss. Oder man kann die Katze auch zwischen 2 Stühlen durch den Reifen springen lassen, der Fantasie sind da kaum Grenzen gesetzt. Jedoch gilt auch hier: Bitte die individuellen Vorlieben und Fähigkeiten der Katze beachten.

Herzlichen Glückwunsch! Du hast den Trick „durch einen Reifen springen" gelernt.

alternative Trainingswege: Dieser Trick kann auch mithilfe des Targetstabs eingeübt werden. Dazu sollte die Katze das Targettraining und den Trick "dem Target folgen" bereits beherrschen (siehe Seiten 49 und 50). Hier wird dann statt des Leckerchens der Target genutzt, um die Katze zu lenken.

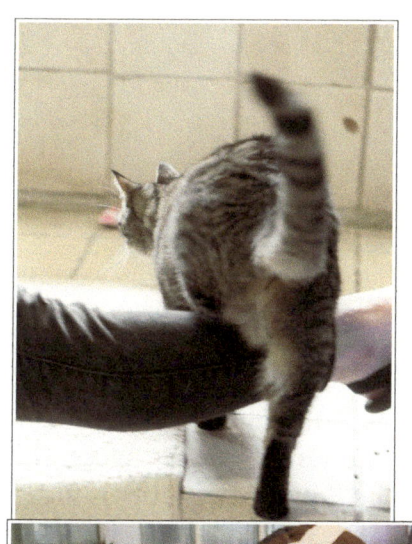

„über's Bein", „unter 'm Bein" und „durch den Reifen"

Trick "Dreh dich"

Die Katze dreht sich bei diesem Trick auf Kommando einmal um die eigene Achse.

benötigte Utensilien: Clicker und Leckerchen, eventuell Targetstab

Trainingsweg: An sich ist dieser Trick ganz einfach, aber um Problemen vorzubeugen, kommt hier der erste und beste Tipp für diesen Trick: Setzt Euch ziemlich nah an die Katze heran, damit Ihr Euren Arm auch wirklich einmal rund um die Katze bewegen könnt.

Hier gibt es nämlich eine gemeine Fehlerquelle: Setzt Ihr Euch zu weit weg von der Katze, könnt Ihr den Arm nicht komplett um die Katze bewegen und sie bleibt während der Übung einfach mittendrin stehen und weiß nicht mehr weiter. Also immer schön nah zur Mieze setzen und mit der Übung beginnen.

Ich benutze bei dem Trick das „Locken". Wie man diesen Trick mit dem Targetstab erlernt, könnt Ihr beim „alternativen" Trainingsweg weiter unten erfahren. Ihr nehmt also das Leckerchen zwischen die Finger und haltet es der Katze in Richtung Nase. Bitte nicht vor die Nase drücken, denn dann ist das Leckerchen weg, bevor Ihr den Trick geübt habt. Nur in Richtung Nase halten und dann ganz langsam in die Richtung locken, in die sich die Katze drehen soll, also links, wenn die Katze sich links herum drehen soll und rechts, wenn die Katze sich rechts herum drehen soll.

Manchmal muss man hier Zwischenschritte machen und die Katze auch mittendrin belohnen, aber meistens klappt der Trick auf Anhieb und die Katze dreht sich einmal um sich selbst und kommt dann direkt vor einem wieder zum Stehen. Perfekt ist natürlich, wenn sich die Katze dann auch noch setzen kann, denn dann kann man die Katze sich drehen lassen und sie macht sofort im Anschluss das „Sitz".

Herzlichen Glückwunsch: Du hast den Trick „Dreh Dich links herum / Dreh Dich rechts herum" gelernt.

alternative Trainingswege: Wie bereits erwähnt, kann dieser Trick auch mithilfe des Targetstabs eingeübt werden. Dazu sollte die Katze das Targettraining und den Trick "dem Target folgen" bereits beherrschen (siehe Seiten 49 und 50). Hier wird dann statt des Leckerchens der Target genutzt, um die Katze um die eigene Achse zu lenken.

Trick "Slalom laufen"

Bei diesem Trick läuft die Katze auf Kommando zwischen mehreren Slalomstangen umher.

benötigte Utensilien: Clicker und Leckerchen, Slalomstangen

Trainingsweg:
Wir beginnen:

- Slalom aufbauen, aber zuerst nur 2 Pylone oder Hütchen nutzen
- Leckerchen zwischen die Finger stecken
- Der Katze das Leckerchen zeigen (aber aufpassen, dass es beim Zeigen nicht geklaut wird)
- Die Katze einmal zwischen den Hütchen hindurchführen, clicken und das Leckerchen geben
- Wem das zu kompliziert ist mit Locken, Clicken und Leckerchen geben, kann den Clicker weglassen und die Katze mit der Stimme loben und dann das Leckerchen geben

- Hat das gut geklappt, üben wir diesen Schritt mehrere Male, bis die Katze die Bewegung verstanden hat; Erst wenn dies gut klappt, also ohne Hütchen umwerfen, stehen bleiben, Übung abbrechen etc., steigern wir uns auf 3 Hütchen /Pylone

Der Slalom sollte insgesamt nicht zu kompliziert aufgebaut werden, da es die Katze sonst überfordern oder auch langweilen kann. Wir trainieren Zuhause mit etwa 5 Pylonen, einer Hürde und dem Reifen am Ende. Mit kleinen Schritten können wir uns dann gerne auf 5 Pylone steigern und auch (wenn wir schon mit der Katze geübt haben, über Gegenstände zu springen) eine Hürde zum Springen einbauen.

Je mehr Abwechslung es im Slalom gibt, umso interessanter wird es für die Katze. Das Slalomlaufen ist kein „einfacher" Trick, sondern eine Verhaltenskette, die aus einzelnen Tricks zusammen gebaut wird. Deshalb gibt es beim fertigen „Trick" das Leckerchen auch erst am Ende und nicht mehr zwischendurch.

Slalom laufen spornt nicht nur das Köpfchen an, sondern hilft auch beim Sporteln und ist deshalb auch für übergewichtige Katzen bestens geeignet.

alternative Trainingswege: Auch bei diesem Trick ist es wieder möglich, die Katze mit dem Targetstab durch den Slalomparcours zu lenken statt sie mit dem Leckerchen zu locken. Dazu sollte die Katze das Targettraining und den Trick "dem Target folgen" bereits beherrschen (siehe Seiten 49 und 50).

Trick „Winken"

Bei diesem Trick soll die Katze auf Kommando mit einer Pfote in der Luft winken.

benötigte Utensilien: Clicker und Leckerchen

Trainingsweg:
Winken ist ein Trick, der Geduld und Kreativität vom Halter verlangt sowie eine Portion Frustrationstoleranz von Seiten der Katze. Wir arbeiten ohne Leckerchen in der Hand. Ausgangsposition ist hier das „Gib Five" (Seite 41) Wir halten der Katze die Hand fürs „Gib Five" hin und erwarten, dass sie die Pfote hebt, um unsere Handinnenfläche zu berühren. Es gilt hier, sehr schnell zu reagieren. Sobald die Katze auch nur in die Nähe unserer Hand kommt, ziehen wir diese ganz leicht zu uns hin, also weg von der Katze, so dass die Katze quasi ins Leere zielt => Click + Leckerchen.

Mein Tipp: Diesen Trick wirklich pro Session nur maximal 2 – 3 Mal üben und dann mit einem anderen Trick weiter machen, so dass es nicht zu möglichen Frustrationen kommen kann. Wenn die Katze begriffen hat, dass der „Touch" ins Leere gehen soll, kann man langsam ein Handzeichen dafür einführen.

Bei mir ist das der winkende Zeigefinger, der sich aus der ganzen Hand entwickelt (siehe Fotos). Außerdem finde ich es persönlich toll, wenn die Katze zumindest 2 Mal winkt und nicht nur einmal die Pfote hebt, also üben wir das ein, nachdem das einmalige Winken als Trick gefestigt ist.

Beim Schreiben ist es etwas schwieriger zu erklären, als wenn man es Live erklären würde, aber ich bemühe mich: Wenn Die Katze die Pfote ins Leere getoucht hat, ist unser Zeigefinger etwas nach unten gerutscht, quasi spiegelgleich mit der Pfote der Katze. Jetzt müssen wir den Zeigefinger wieder nach oben führen, so dass die Katze spiegelgleich ihre Pfote auch noch mal nach oben führt => Hier ist viel Geduld und Übung nötig, damit die Bewegungsabläufe fließend gelingen können.

Wenn dieser Trick auf unser Handzeichen hin klappt, können wir auch ein Sprachkommando einführen => Bei mir ist das dann „Winke, winke". Zum Schluss ersetze ich den winkenden Zeigefinger gerne gegen die winkende Hand, weil es einfach schöner aussieht und dem menschlichen Winken näher kommt.

Herzlichen Glückwunsch: Du hast den Trick „Winken" gelernt.

„dreh dich", „Slalom laufen" und „Winken"

Trick "einen Gegenstand berühren"

Die Katze soll auf Kommando einen bestimmten Gegenstand berühren

benötigte Utensilien: Clicker und Leckerchen, Gegenstand zum Antippen

Trainingsweg: Ein toller Trick, um Abwechslung ins Training zu bringen. Wir trainieren zuerst mit einem einzelnen Objekt und können uns später auf mehrere Objekte steigern, wenn die Katze den Trick erlernt hat. Der Einfachheit halber suchen wir uns einen Gegenstand aus, der nicht zu klein und außerdem gut in der Hand zu halten ist (ich bevorzuge einen großen, weichen, grünen Würfel). Bitte vorher testen, ob die Katze Angst vor dem Gegenstand hat.

Wir nehmen dann den Gegenstand in die Hand und zeigen ihn der Katze (hier gilt wieder: Nicht direkt der Katze vor die Nase halten)

- Schaut die Katze den Gegenstand neugierig an => Click und Leckerchen
- Kommt die Katze dem Gegenstand näher => Click + Leckerchen
  Achtung: Bitte die beiden Tricks „Einem Kuscheltier ein Küsschen geben" und „Einen anderen Gegenstand berühren" nicht direkt hintereinander üben, wenn die Katze noch nicht richtig fit beim Üben ist bzw. noch nicht genügend Frustrationstoleranz besitzt, denn die Tricks sind ähnlich und würden eine unsichere Katze verwirren.
- Sobald die Katze den Ansatz zeigt, die Pfote zu heben => Click + Leckerchen
- Bitte in kleinen Schritten weiter machen, bis die Pfote tatsächlich den Gegenstand berührt => Click + Leckerchen und ein überschwängliches Lob
- Einige Katzen werden am nächsten Tag schon so weit sein, den Gegenstand direkt zu bepföteln, andere brauchen noch mal ein

bisschen Hilfe => Bitte immer individuell auf die Katze eingehen und ihr Hilfen bieten, wenn sie diese braucht
- Man kann hier ein Sprachkommando einsetzen wie: „Touch" oder ähnliches.

Optimierung: Wir können den Trick optimieren, indem wir weitere Gegenstände benutzen. Bitte jedoch erst einbauen, wenn der Trick mit einem Gegenstand wirklich „perfekt" sitzt. Wir suchen uns also einen zweiten Gegenstand aus, wie zum Beispiel ein kleines Kissen, ein Ei aus Kunststoff, einen Sisalball etc. Bitte nicht alles durcheinander zum Trainieren nehmen, sondern immer *nacheinander*, damit die Katze die verschiedenen Gegenstände langsam kennen lernen kann.

Wenn wir uns einen neuen Gegenstand ausgesucht haben, gehen wir genauso vor, wie in der Beschreibung zu „Einen Gegenstand berühren". Klappt der Trick dann auch mit dem 2. (neuen) Gegenstand, können wir die Gegenstände nun mit einem Wort benennen, damit die Katze lernen kann, diese zu unterscheiden.

Ich persönlich arbeite gerne mit „Ei", „Glocke" und „Würfel". *Wichtig sind anders klingende Namen!* Haben wir beispielsweise mit dem „Würfel" und dem „Ei" trainiert, legen wir zuerst den Würfel auf den Boden, zeigen mit dem Finger drauf und fragen: „Wo ist der Würfel?" und warten ab, dass die Katze den Würfel berührt => Click und Leckerchen.

Wenn das Sprachkommando sitzt und die Katze daraufhin auch immer den Würfel berührt, machen wir dasselbe mit dem „Ei". Wenn beide Sprachkommandos sicher eingeübt wurden, kann man der Katze beide Objekte zeigen (bitte nicht direkt nebeneinander legen, sondern ein bisschen *Abstand* halten!) und dann fragen: „Wo ist der Würfel?"

Für den Anfang helfen wir der Katze und zeigen beim Fragen noch auf den richtigen Gegenstand, damit die Katze Sicherheit gewinnen kann. Wenn sie genügend Sicherheit erworben hat, lassen wir das Zeigen weg und stellen nur noch die Frage.

Trick „Küsschen geben"

Die Katze soll uns auf Kommando ein Küsschen geben (Nase / Mund)

benötigte Utensilien: Clicker und Leckerchen

Trainingsweg:
Wichtig ist, vorher abzuklären, ob die Katze Nähe zulassen kann oder es ihr nicht so angenehm ist. Hat die Katze kein Problem mit Nähe, dann setzen wir uns vor sie und warten ab, bis sie uns anschaut => Click + Leckerchen. Das üben wir einige Male, bis die Mieze uns direkt ansieht, wenn wir uns vor sie setzen.

Dann gehen wir ein Stückchen mit dem Gesicht runter zur Katze: Click + Leckerchen. Einige Katzen kommen von sich aus ein Stückchen näher, was natürlich besonders toll belohnt werden sollte. In kleinen Schritten nähern wir uns dem Gesicht der Katze an und clicken alle kleinen „Erfolge" (Oft hilft es, die Lippen zu spitzen und abzuwarten).

Berührt die Katze unseren Mund oder auch die Nase, belohnen wir sie (leise), aber sehr erfreut und geben ihr ein tolles Leckerchen zur Belohnung. Wenn das Kommando sitzt, wird auch nur noch belohnt, wenn die Katze auch die menschliche Nase oder den menschlichen Mund berührt und alle anderen Versuche werden ignoriert, so dass die Katze verstehen und auch nachvollziehen kann, was genau erwünscht ist. Vorsicht bei extrem übermotivierten Katzen => Diese versuchen oft mittendrin, ein „Gib 5" ins Gesicht patschen zu lassen und treffen dabei dummerweise immer sehr empfindliche Stellen.

Trick „Kuscheltier-Küsschen"

Die Katze soll auf Kommando einem Kuscheltier ein Küsschen geben

benötigte Utensilien: Clicker und Leckerchen, Kuscheltier

Trainingsweg: Dieser Trick kann erst auf den Trick „Küsschen geben" (Seite 72) folgen, weil es vom Aufbau her logisch und sinnvoll ist. Hat die Katze gelernt, dass „Küsschen geben" eine Belohnung verspricht, kann sie den Kuss auch jemand anders oder in diesem Fall etwas anderem (dem Kuscheltier) geben.

Hierfür bietet sich ein süßes Kuscheltier im Kleinformat an, damit der Trick echt niedlich aussieht.

- Wir nehmen also das Kuscheltier und zeigen es der Katze
- Schaut die Katze es neugierig an => Click und Leckerchen
- Kommt die Katze dem Kuscheltier näher => Click + Leckerchen
- Jeder kleine Schritt zum Kuscheltier hin wird mit Clicken und dem Leckerchen belohnt
- Berührt die Katze das Kuscheltier mit der Schnute => Clicken und überschwänglich loben + tolle Belohnung
- Für diesen Tag bitte nicht noch mal wiederholen, damit das Gelernte gespeichert werden kann und mit anderen Tricks weitermachen, die die Katze schon gut kann
- Am nächsten Tag bzw. bei der nächsten „Session" können wir der Katze dann das Kuscheltier zeigen und schauen, ob sie den Trick schon verstanden hat. Wenn nicht, bitte noch ein paar Schritte zurück gehen und weiter üben.
- Man kann hier ein Sprachkommando einsetzen wie „Küss den Frosch" oder „Küss die Katze" etc.

Sollte der Trick trotz der ganzen Schritte nicht klappen, muss das nicht heißen, dass die Katze den Trick doof findet, sondern vielleicht mag sie auch einfach das Kuscheltier nicht. Bevor man also den Trick aufgibt, bitte mal probieren, ob ein anderes Kuscheltier oder ein anderes Objekt (Ball, großer Würfel etc.) mehr Erfolg bringt.

Info: Vorher bitte drauf achten, ob Ihr beim Üben wollt, dass die Katze aktuell das Kuscheltier berührt oder dem Kuscheltier ein Küsschen gibt. Das sind 2 Tricks, die die Katze aufgrund ihrer Ähnlichkeit verwirren können, also solltet Ihr Euch als Trainer vorher bewusst machen, welcher Trick aktuell gewollt ist und auch erst mal nur diesen üben. Wenn später beide Tricks „sitzen", kann man das auch im Wechsel machen.

„einen Gegenstand berühren" und „Küsschen geben"

Trick "Wo ist das Leckerchen nicht?"

Die Katze berührt auf Kommando die leere Hand und *nicht* die Hand, in der das Leckerchen versteckt ist

benötigte Utensilien: Clicker und Leckerchen

Trainingsweg: Dieser Trick ist einer meiner Lieblingstricks, weil er 1. total Spaß macht und 2. natürlich alle Zuschauer fasziniert. Aufgrund dieses Tricks haben sich tatsächlich schon Clicker-Interessierte zu meinen Clicker-Kursen angemeldet. „Wo ist das Leckerchen nicht?" ist perfekt geeignet für Katzen, die gelernt haben, sich etwas länger zu konzentrieren und schon ein paar andere Tricks beherrschen.

Wahrscheinlich gibt es auch Katzen, die den Trick viel schneller lernen, aber ich persönlich würde etwas warten, um die Katze nicht zu überfordern. Denn: Dieser Trick erfordert schon eine hohe kognitive Leistung. Wo liegt das Problem? Wir haben der Katze von Anfang an beigebracht, dass sie *immer* die Hand berühren soll, wo das Leckerchen *ist* und nun wollen wir, dass sie genau die Hand berührt, wo das Leckerchen *nicht* ist.

Das bedeutet für Mensch und Katze ein Umdenken. In diesem Fall hilft auch das Visualisieren des Tricks, das heißt, dass wir uns vorher ganz genau vorstellen sollten, wie die Katze den Trick lernt und wo wir ihr helfen können und sollen.

Der Aufbau:

- Wir ballen beide Hände zu Fäusten
- In die linke Hand stecken wir das Leckerchen und zeigen es der Katze
- Dann schließen wir die Hand und strecken der Katze beide Fäuste hin

- Im Normalfall wird sie jetzt die Hand berühren, in der sich das Leckerchen befindet, was *nicht* belohnt, sondern *ignoriert* wird => Genau hier müssen Mensch *und* Katze umdenken, denn wir sollten hier ganz genau aufpassen, dass wir nicht das unerwünschte Verhalten belohnen
- Jegliche Annäherung an die Hand *ohne* Leckerchen wird belohnt: Katze schaut zur *leeren* Hand hin => Click und Leckerchen; Katze bewegt sich zur leeren Hand hin => Click und Leckerchen (Da wir hier beide Hände in Benutzung haben, dient entweder die Stimme als Belohnungs-Click oder das Schnalzen etc.)
- Um die Katze nicht zu frustrieren, üben wir wirklich nur wenige Sekunden und machen dann mit einem Trick weiter, den die Katze schon kann, denn zu viele Versuche ohne Click können der Katze die Lust am Üben nehmen
- Beim nächsten Training machen wir dann weiter und schauen, ob die Katze schon merkt, was wir von ihr wollen => Bitte habt bei dem Trick viel Geduld; es kann einige Tage dauern, bis alles klappt
- Mit der Zeit und den Wiederholungen wird die Katze merken, dass die Hand *ohne* Leckerchen viel interessanter und lukrativer ist. Und sie wird sich mehr darauf konzentrieren => Wichtig ist, dass Ihr Euch (auch) immer konzentriert, denn wenn *ihr* falsch clickt, bringt Ihr die Katze aus dem Konzept, also beim Üben wirklich alle Störfaktoren ausschalten und ganz bei der Sache sein
- Klappt der Trick zum ersten Mal auf Anhieb, dann bitte ganz überschwänglich loben, der Katze ein *ganz* tolles Leckerchen geben und am besten mit dem Training aufhören, damit das Erfolgserlebnis sich setzen kann
- Bitte nicht wundern: Auch wenn Ihr den Trick super geübt habt, kann der durchaus mal daneben gehen. Also dann einfach ganz normal weiter machen und die Katze für richtiges

Verhalten belohnen => Wir machen ja schließlich auch noch mal Fehler, obwohl wir eine Sache richtig gelernt haben
- Anfangs bitte nur auf eine Hand konzentrieren und erst, wenn dieser Trick gut sitzt, kann man anfangen, das Leckerchen in der anderen Hand zu verstecken
- Als Sprachkommando nutze ich „Wo ist das Leckerchen *nicht?*" => Das *„nicht"* wird besonders betont, da dies eine gute Hilfestellung für die Katze sein kann.

Herzlichen Glückwunsch: Du hast den Trick „Wo ist das Leckerchen nicht?" gelernt.

Das „Hütchenspiel"

Die Katze soll auf Kommando das Hütchen antippen, unter dem das Leckerchen versteckt ist

benötigte Utensilien: Clicker und Leckerchen, Hütchen oder Becherchen

Trainingsweg:
Zuallererst benötigen wir 2 verschiedenfarbige Hütchen oder Gegenstände, unter denen man etwas verstecken kann. Sinnvollerweise arbeitet man auf einem glatten Untergrund, da man die Hütchen dort super verschieben kann.

Wir lassen die Katze sitzen und stellen die 2 Hütchen/Gegenstände vor sie. Dann zeigen wir der Katze das Leckerchen und legen es unter das linke Hütchen. *Ganz* langsam das Hütchen hoch machen, das Leckerchen *ganz* langsam drunter packen und dann das Hütchen wieder schließen. Achtung: Zeitlupe kann die Katze dazu verführen, das Leckerchen direkt zu klauen. Also bitte die Katze im Auge behalten, während Ihr das Leckerchen versteckt.

Habt Ihr das Leckerchen versteckt, werden alle kleinen Schritte hin zum Hütchen mit dem Leckerchen geclickt: Blick zum Leckerchen, Schritt hin zum Leckerchen etc. Ziel ist es, dass die Katze das Hütchen (mit dem Leckerchen drunter) mit der Pfote antippt. Ihr könnt natürlich auch daraufhin arbeiten, dass die Katze das Hütchen umwirft, das bleibt Euch überlassen. Hat die Katze das von Euch gewünschte Verhalten gezeigt, bitte wieder toll loben und das Hütchen mit dem Leckerchen darunter lüften, damit die Katze es als Belohnung essen kann.

Herzlichen Glückwunsch: Du hast „Das Hütchenspiel" gelernt.

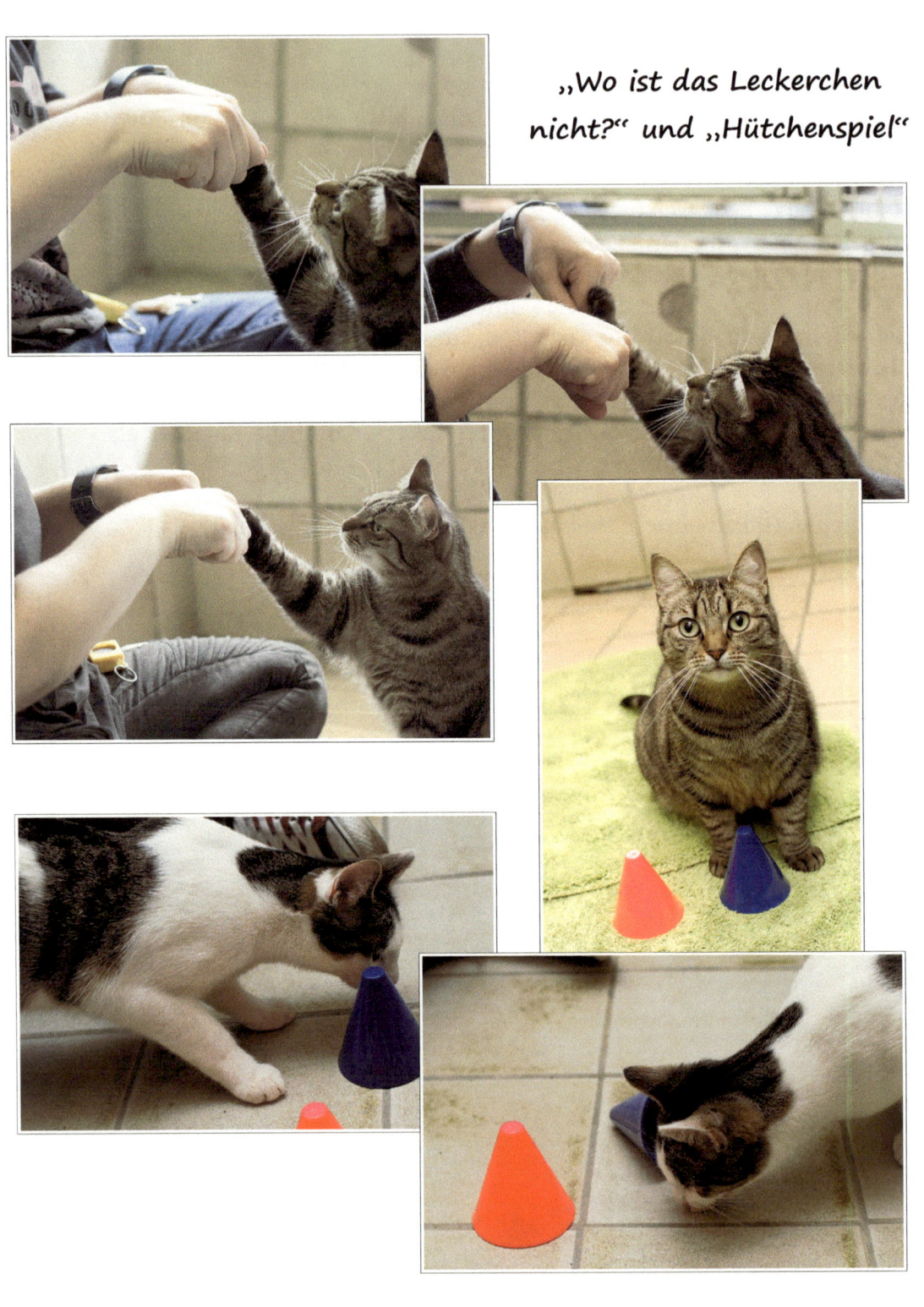

„Wo ist das Leckerchen nicht?" und „Hütchenspiel"

Medical training

Auch das sogenannte "medical training" kann Teil des Clickerns sein. Hierbei wird mit der Katze all das trainiert, was einen Tierarztbesuch oder andere Situationen betrifft, die mit ihrem gesundheitlichen Wohl zusammenhängen. Das kann das in-die-Transportbox-steigen, das Tabletten-einnehmen oder auch die regelmäßige Kontrolle von Gewicht, Augen, Ohren und Zähnen sein.

Ist die Katze bereits an diese Situationen und die entsprechenden Handgriffe gewöhnt, können solche – oft unangenehmen – Prozeduren einfacher, schneller und stressfreier ablaufen. Dadurch, dass die Katze (auch) Positives mit beispielsweise der Transportbox verbindet, kann zeitraubendes und immens aufreibendes Einfangen vor dem nächsten Tierarzttermin vermieden werden. Auch so manche Sedierung oder Narkose eines wehrhaften Tieres, die sonst für Untersuchungen beim Tierarzt nötig wären, können häufig umgangen werden.

Trick "auf die Waage gehen"

Die Katze soll auf Kommando stressfrei und selbstständig auf die Waage gehen und darauf sitzen bleiben, bis sie abgerufen wird

benötigte Utensilien: Clickern und Leckerchen, (Küchen- oder Baby-)Waage

Trainingsweg: Dieser Trick ist wichtig, um das Gewicht der Katze stresslos kontrollieren zu können. Viele Katzen leiden an Krankheiten, bei denen eine Gewichtskontrolle sehr wichtig ist. Aber auch bei gesunden Katzen sollte so eine Kontrolle schnell und problemlos vonstatten gehen können.

Die Katze sollte das Kommando „Sitz" (Seite 45), „Platz" (Seite 48) und/oder „Warte" (Seite 45) bereits beherrschen. Ebenso ist es hilfreich, wenn die Katze bereits gelernt hat, dem Finger/Target zu folgen (Seite 50).

Ob wir die Katze nun mit Leckerchen locken oder sie dem Target folgen lassen, ist eine individuelle Entscheidung. Beides läuft jedoch aufs Gleiche hinaus: die Katze soll den Weg zur Waage gehen und sich lange genug darauf aufhalten, dass die Waage das Gewicht zuverlässig messen kann.

Ob wir der Katze dazu das Kommando „Sitz", "Platz" oder „Warte" geben, oder sie selbstständig eine Sitzposition finden zu lassen, ist Einstellungssache. Wichtig ist, dass wir dann clicken und belohnen, wenn die Katze mit allen vier Pfoten auf der Waage ist. Und zwar noch *bevor* sie die Waage wieder verlässt! Im weiteren Verlauf dehnen wir die Zeit, in der die Katze auf der Waage sitzt/steht, weiter aus und clicken Schritt-für-Schritt immer erst bei längerer Verweildauer der Katze.

Sitzt oder steht die Katze ganz bewusst die ersten paar Mal allein auf der Waage, können wir ein Handzeichen/Codewort einführen, das wir in der Folge verstärken.

alternativer Trainingsweg: Können wir die Katze zunächst nicht dazu bewegen, freiwillig und selbstständig auf die Waage zu gehen, müssen wir das Training damit beginnen, die Waage positiv zu verknüpfen.

Dies erreichen wir, indem wir bereits den ersten zaghaften Blick, eine erste Kopfdrehung oder einen ersten Schritt zur Waage clicken und belohnen. Führen wir dies konsequent durch, wird die Katze motiviert, sich der Waage zu nähern, was wir natürlich auch clicken und belohnen. Dies führen wir so lange durch, bis die Katze den ersten Schritt auf die Waage wagt und bauen dann das Training wie oben beschrieben weiter aus.

Augen, Ohren, Zähne kontrollieren

Die Katze lässt sich freiwillig und ohne Gegenwehr die bestimmten Körperregionen kontrollieren

benötigte Utensilien: Clicker und Leckerchen

Trainingsweg: Im Grunde genommen ist der Trainingsweg für alle Körperregionen zu Anfang gleich: je nachdem, wie viel Nähe die Katze zulässt, belohnen wir das Zulassen der Berührungen. Am besten beginnen wir mit Streicheleinheiten am Kopf, denn die meisten Katzen genießen diese Art von Aufmerksamkeit. Lässt sich die Katze dies gefallen, wird geclickt und belohnt. Ist das Streicheln des Kopfs ohne Probleme möglich, bewegen wir die Hand immer mehr in Richtung Ohr, Auge oder Maul. Auch das Tolerieren dieser Berührungen wird durch uns geclickt und belohnt.

Möchten wir die Ohrkontrolle trainieren, ist unser nächster Schritt das Anfassen und Festhalten der Ohrspitzen. Auch dies wird selbstverständlich wieder geclickt. Lässt die Katze das Festhalten zu, können wir leichten Druck und oder leichtes Massieren der Ohrspitzen einüben. Die Katze sollte sich daran gewöhnen, dass wir ihre Ohren anfassen, festhalten und leicht ziehen, denn nur so können wir später in die Ohrmuschel hineinsehen, um Verschmutzungen, Parasiten oder Verletzungen erkennen zu können. Das Training wird immer weiter auf die gesamte Ohrmuschel ausgedehnt, bis wir richtig hineinschauen können.

Dazu nutzt jeder von uns Haltern einen anderen „Griff", den die Katze positiv verknüpfen sollte. Um die Spanne der Ohrkontrolle auszudehnen, fassen wir die Ohren der Katze immer länger an und belohnen sie erst nach einem Moment still halten.

Ebenso gehen wir bei der Augenkontrolle vor: langsam herantasten und jeden Schritt belohnen. Auch hier müssen wir anfassen, die Augenlider berühren und das Auge öffnen. Nicht jede Katze lässt dies problemlos mit sich machen, so können hier kleinere Schritte und längeres Training nötig sein.

Das Trainieren der Zahnkontrolle dauert in der Regel weitaus länger und ist meist mit mehr Unwillen bei der Katze verbunden: nur wenige Katzen lassen sich gern am Maul anfassen. Wichtig ist es hier, herauszufinden, welchen „Griff" die individuelle Katze toleriert, denn nicht jede Katze fühlt sich auch wohl, wenn wir ihr auf bestimmte Art und Weise ins Gesicht fassen.

Es gibt Katzen, die tolerieren den Griff „von oben" (nur der Oberkiefer wird festgehalten), manche mögen es nur, wenn wir „von hinten" zugreifen (die Lippen werden nach hinten geschoben und legen dabei die Zähne frei) und manch eine Katze kommt nur mit dem Griff „von vorn" oder „von der Seite" (der Kopf wird dabei nicht festgehalten, nur die Lippen werden zurückgeschoben) zurecht. Um das Training so angenehm wie möglich zu gestalten, sollten wir herausfinden, welche Vorgehensweise bei unseren Katzen ohne große Gegenwehr funktioniert.

Sobald wir dies wissen, kann das Training beginnen. Auch hier arbeiten wir wieder mit kleinen Schritten, tasten uns heran und dehnen die Zeitspannen und die Intensität unserer Berührungen aus. Wir sollten die Katze auch daran gewöhnen, dass die Lippen berührt und aufgezogen werden. Dies kann mit einfachem Antippen mit dem Finger beginnen, welches wir natürlich clickern, belohnen und ausdehnen.

alternative Trainingswege: Katzen, die sich gar nicht gern am Kopf anfassen lassen oder gar Angst vor Händen und Menschen haben, müssen wir behutsamer an das Training heranführen. Hier macht es Sinn, vor dem eigentlichen Training das „Anfassen-Lassen" oder Streicheleinheiten positiv zu verknüpfen. Bei Katzen, die den Kopf beim Training immer wieder wegziehen, müssen wir kleinere Schritte trainieren.

Trick ausbauen: möglicherweise „Zähne putzen"

Krallen schneiden

Die Katze lässt sich ohne große Gegenwehr die Krallen schneiden. Nicht bei allen Katzen ist dies nötig. Alte Katzen oder Tiere, die in ihrer Bewegung eingeschränkt sind, können jedoch vom regelmäßigen Krallenschneiden profitieren. Wir sollten darauf achten, dass wir nur kleine Teile der Krallenspitzen kürzen und keinesfalls ins durchblutete Gewebe schneiden. Im Zweifelsfall sind viele Tierärzte dazu bereit, uns das richtige Krallenschneiden zu zeigen.

benötigte Utensilien: Clicker, Leckerchen, Krallenschere oder -knipser (bitte einen speziellen Tierkrallenknipser verwenden!)

Trainingsweg:
Nicht viele Katzen mögen es, wenn man ihre Pfoten anfasst, festhält und an ihnen herumdrückt. So kann es nötig sein, zunächst diese Berührungen positiv zu verknüpfen. In kleinen Schritten clicken wir zunächst eine leichte Berührung der Pfoten, dann ein erstes, festeres Streicheln. Toleriert die Katze dies, ohne die Pfoten zurück zu ziehen, können wir anfangen, die Pfoten in die Hand zu nehmen. Der nächste Schritt ist das Festhalten der Pfoten und das Herausdrücken der Krallen: die Krallen fahren automatisch aus, wenn wir leichten Druck auf die vorderen Zehen ausüben.

Die Katze sollte diesen Druck gewohnt sein, bevor wir sie überhaupt mit der Krallenschere konfrontieren. Je nachdem, wie viel die Katze zulässt, können wir jetzt damit anfangen, jede einzelne Kralle mit der Schere zu berühren oder gar schon abzuschneiden. Zwischen den einzelnen Krallen wird eine Pause gemacht, um die Katze zu belohnen. Hier kann es nötig sein, ein Zungenschnalzen oder ein Codewort einzuführen, statt mit dem Clicker zu clicken, denn wir haben ja alle Hände voll.

Jeder Fortschritt wird positiv verknüpft: Krallen mit Krallenschere berühren = Click, eine Kralle abschneiden = Click, zwei Krallen abschneiden = Click usw. So tasten wir uns langsam an unser Ziel heran: alle 4 Krallen einer Pfote schneiden und dann erst Clicken.

alternative Trainingswege: Es kann nötig sein, die Katze zunächst auch einzeln an die Krallenschere zu gewöhnen: sehr misstrauischen Katzen macht man die Schere schmackhaft, indem man sie beim abendlichen Kuscheln einfach neben dem Schoß liegen lässt und sie später immer näher an die Katze heranholt.
Hilfreich kann es ebenfalls sein, einen ersten Blick, ein erstes Anschnuppern der Schere bereits positiv zu bestätigen. Erst dann, wenn die Katze die Schere ohne Angst zu haben in ihrer Nähe duldet, sollten wir damit beginnen, die Schere immer näher an die Pfoten der Katze zu halten.

„Waagentraining", „Krallen schneiden" und „Zähne und Ohren kontrollieren"

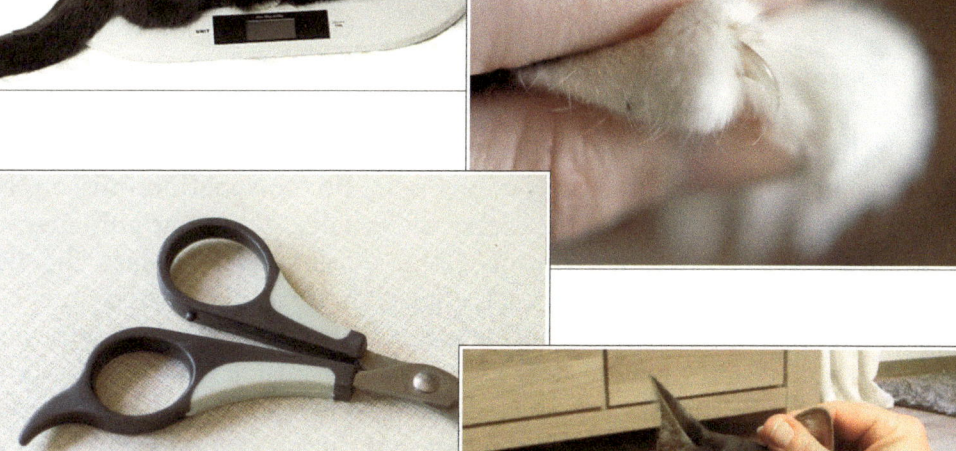
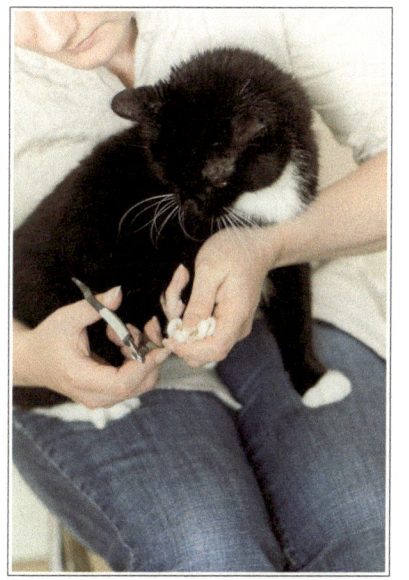

Transportkorb-Training

Die Katze geht auf Kommando allein und selbstständig in die Box und lässt sich darin ohne Gegenwehr transportieren.

benötigte Utensilien: Clicker, Leckerchen und Transportbox

Vorbereitung:
Hat die eigene Katze in der Vergangenheit häufiger oder einschneidende negative Erlebnisse mit der bisherigen Transportbox gemacht, kann es sein, dass wir eine neue Box anschaffen müssen, um das Verhältnis „Katze/Transportkorb" wieder ganz neu aufbauen zu können. Wir sollten als Halter dabei darauf achten, dass die Box (auch) von oben zu öffnen ist, sich leicht reinigen und zur Not desinfizieren lässt (= Plastik). Zudem sollte sie groß genug sein, dass die Katze sich darin drehen und gemütlich hinlegen kann. Weidenkörbe sind optisch zwar sehr ansprechend, haben aber zwei gravierende Nachteile: sie sind schwer zu reinigen und es gibt nur den vorderen Ausgang. Eine Katze, die sich wehrt oder aus Angst/Schmerz gänzlich versteift, ohne große Gewalt und Traumatisierung aus so einem Korb heraus zu bekommen, ist wohl eher unmöglich.

Bevor wir mit dem Training beginnen, kann es sehr sinnvoll sein, die Transportbox als normalen Teil der Umgebung zu integrieren. So lernt die Katze, dass die Box nicht immer nur mit Negativem in Verbindung stehen muss. Die Katze könnte sogar darin spielen oder schlafen, wenn sie es denn gern möchte: eine kuschelige Decke im Inneren sorgt für zusätzlich einladende Atmosphäre. Steht die neue „Höhle" gemütlich im Wohnzimmer und wird vielleicht ab und zu sogar mit Leckerchen bestückt, verlieren viele Katzen ihre Abneigung dagegen nicht selten in wenigen Wochen.

Trainingsweg:
Viele Katzen mögen zwar die Box nicht so sehr, sind aber offen genug, um sie zumindest anzuschnüffeln oder darauf zuzugehen. Am Anfang

des Transportkorbtraining verstärken und belohnen wir die Neugier der Katze im Grunde genommen nur und bringen sie damit dazu, noch „weiter" zu gehen. Bemerkt die Katze, dass wir ihr Zugehen auf die Box belohnen, wird sie bald auch mehr Interaktionen anbieten, die wir wiederum verstärken können. Zunächst wird die Katze vermutlich nur schnüffeln = Click + Belohnung. Dann wird sie bald näher herangehen = Click + Belohnung. Irgendwann ist sie dann auch bereit, in die Box zu gehen oder zumindest den Kopf hineinzustecken. Auch das wird selbstverständlich belohnt.

Wir unterstützen die Katze dabei, die Box zu erkunden und mit etwas Positivem zu verknüpfen. Jede Katze benötigt dafür unterschiedlich lange Zeit und unterschiedlich viele Schritte. Wir unterstützen sie dabei, den Weg in die Box in ihrem eigenen Tempo zu gehen.

Irgendwann wird die Katze sich auch ganz hineinwagen. Auch dieser Schritt wird belohnt. Nach einer Zeit wird der Katze bewusst werden, dass es doch sehr bequem ist, einfach in der Box stehen, sitzen oder liegen zu bleiben. Dies wird durch uns belohnt: anfangs in kleineren Zeitabständen, später in größeren Zeitabständen. Wie lange die Katze dabei freiwillig in der Box bleibt, entscheidet sie selbst. Wichtig dabei ist, dass wir sie dabei belohnen müssen, wenn sie noch in der Box ist, nicht erst dann, wenn sie sich bereits wieder hinausbewegt.

Ist die Katze im Box-Liegen routiniert und flüchtet nicht mehr bei unserer kleinsten Bewegung, können wir damit beginnen, die Tür zu schließen. Ob wir die Tür dabei direkt ganz oder in kleinen Schritten immer weiter schließen, hängt ganz von der Toleranzgrenze der Katze ab. Wir clickern in der Folge also das Schließen der Tür und belohnen die Katze wie gewohnt, nachdem wir die Tür wieder geöffnet haben. Ist sie auch dies gewohnt, verlängern wir die Zeitspanne, in der die Tür geschlossen ist: zuerst nur ganz kurz = Click + Leckerchen, dann ein wenig länger = Click + Belohnung, später auch lange Zeitspannen = Click + Leckerchen. Wichtig ist es, genau darauf zu achten, wann die Katze beginnt, erste Anzeichen von Unwohlsein zu zeigen. Am besten noch ganz kurz davor öffnen wir die Tür und belohnen die Katze. Sie sollte auf keinen Fall zu etwas gedrängt werden, wozu sie nicht bereit ist. Randaliert sie oder waren wir etwas zu langsam, macht es Sinn, einen Schritt zurückzugehen und wieder nur das Sitzen in der Box zu belohnen. Und zwar so lange, bis die Katze nicht mehr misstrauisch, sondern gänzlich entspannt ist.

Auch das restliche Transportkorbtraining läuft in ähnlich kleinen Schritten ab: erst ganz kurz bei geschlossener Tür hochnehmen = Click + Belohnung, dabei die Zeitspanne immer weiter verlängern. Wenn dies ohne Unwohlsein bei der Katze möglich ist, gehen wir ein paar Schritte mit der geschlossenen Box. Auch dies wird geclickt, belohnt und ausgebaut. Als nächstes wäre es möglich, die Katze auf eben diese Weise an den Gang durch den Hausflur oder das Fahren im Auto zu gewöhnen.

alternative Trainingswege:
Manche, ganz misstrauische Katze muss anfangs noch kleinschrittiger an die Box herangeführt werden. Sie wird zunächst von sich aus freiwillig keine eigenen Schritte auf die Transportbox zugehen. Hier setzen wir noch früher an: Ein erstes Zuwenden, ein Blick zur Box oder einfach das Daneben-Sitzen kann für so manche Katze bereits ein riesiger Schritt sein und sollte entsprechend belohnt werden.

Statt darauf zu warten, dass die Katze von selbst auf die Box zugeht, kann auch das Locken mit Leckerchen ein möglicher Weg sein. Wir sollten jedoch darauf achten, dass die Katze den Weg zur Box ganz bewusst geht und nicht blind vor Gier dem Leckerchen hinterherrennt: ihr sollte später unzweifelhaft klar sein, dass es nicht um „dem Lecker hinterher", sondern um „zur Box gehen" geht. Viele Katzen können dies gut trennen.

Training ausbauen:
Ist die Katze sehr entspannt und der eigene Tierarzt zur Unterstüt-

zung des Trainings bereit, wäre es ganz zuletzt auch möglich, die Katze beim nächsten Besuch ihrer Partnerkatze beim Tierarzt einfach einmal mitzunehmen, dabei aber im Korb zu belassen (= „Beim Tierarzt geschieht mir nicht immer was Böses"). Dies ist in der Regel aber nur bei besonders entspannten Katzen möglich.

Bedacht werden sollte dabei auch immer, dass nicht nur der Tierarzt selbst Stress verursacht, sondern auch das Warten im Wartezimmer (fremde Gerüche, laute Geräusche, fremde Umgebung). Wir sollten also vorher genau überlegen, ob das mit unserer eigenen, individuellen Katze möglich und sinnvoll ist. Im schlimmsten Fall kann dieses Erlebnis das Vertrauensverhältnis zwischen Katze und Box sehr beeinträchtigen.

Ans Bürsten gewöhnen

Die Katze lässt sich ohne Gegenwehr an allen Körperstellen bürsten

benötigte Utensilien: Clicker, Leckerchen, Bürste

Vorbereitungen:
Wie auch beim Transportkorbtraining kann es Sinn machen, eine komplett neue Bürste zu kaufen, damit die Katze diese nicht mit negativen Erlebnissen verbindet. Unsere Aufgabe als Halter besteht zunächst darin, die Bürste zu finden, die für unsere Katze tolerierbar bis angenehm ist.

Um der Katze die Bürste näher zu bringen, sollten wir sie in den nächsten Wochen einfach an Orten herumliegen lassen, die die Katze mit „Entspannung" verbindet und die sie mehrmals täglich besucht z.B. auf dem Sofa, dem Bett etc. Ganz zu Anfang sollte für uns wichtig sein, dass die Katze die Bürste als positiv, zumindest jedoch als „neutral" ansieht und eben nicht sofort flüchtet oder sich verspannt, wenn sie sie zu Gesicht bekommt.

Hat die Katze bereits Verfilzungen oder Filzplatten entwickelt, kann es wichtig sein, diese zunächst zu entfernen: möglich wäre beispielsweise eine (Teil-)Schur (z.B. beim Tierarzt). Nicht alle Katzen müssen dazu narkotisiert oder sediert werden. Erst dann, wenn alles beseitigt ist, was beim Training ziepen, kneifen oder reißen könnte, macht der Beginn des Bürstentrainings auch wirklich Sinn. Denn die Katze sollte währenddessen keine negativen Erfahrungen machen oder Schmerzen erleiden müssen.

Trainingsweg:
Wir können auf mehrere Arten mit dem Training beginnen. Haben wir die Bürste beim Kuscheln neben uns liegen, wäre es eine Möglichkeit, in der folgenden Zeit einfach vereinzelte Streichler mit Bürstenstrichen zu „ersetzen" - der Katze also das Bürsten quasi „unterzumogeln". Das sollten zu Anfang wirklich nur wenige Bürstenstriche „versteckt" in einer Menge Streicheleinheiten sein. Steht die Katze auf und geht oder wehrt sie sich, müssen wir noch kleinschrittiger vorgehen. Toleriert sie die Bürstenstriche, können wir diese ausbauen. Für jeden tolerierten Bürstenstrich wird sie zu Anfang geclickt und belohnt. Später belohnen wir nur noch jeden zweiten oder dritten Bürstenstrich. Dies bauen wir so lange aus, bis sich die Katze ohne Gegenwehr bürsten lässt.

Vorsichtig sollten wir jedoch an Stellen vorgehen, die für die Katze sehr „intim" und empfindlich sind: Bauch, Po, Achseln, zwischen den Beinen. Hier ist es wichtig, sehr behutsam und langsam zu trainieren und immer wieder zu belohnen. Es kann auch hilfreich sein, herauszufinden, in welcher Position die Katze das Bürsten an solch sensiblen Stellen eher zulässt: manche Katzen haben wenig Probleme damit, wenn sie dafür auf dem Rücken liegen müssen. Anderen Katzen vermittelt es mehr Sicherheit, wenn sie dabei stehen können. Dies sollten wir als Halter unbedingt tolerieren und das Training entsprechend anpassen.

Wir könnten das Training auch damit beginnen, dass wir im normalen Alltag mit wenigen Bürstenstrichen beginnen und die Anzahl ausbauen. Dabei ist es egal, ob die Katze in diesem Moment sitzt, steht oder liegt. Auch nach einem ausgiebigen Spiel ist so ein Bürstentraining möglich.

alternative Trainingswege:
Sehr misstrauische Katzen möchten der Bürste nicht zu nahe kommen und sich erst recht nicht damit bürsten lassen. Hier können wir das Training damit beginnen, der Katze die Bürste ganz neu „vorzustellen": die Bürste liegt beim Clickertraining einfach auf dem Boden – jeder Blick dorthin, jede Kopfdrehung und jede Körperbewegung Richtung Bürste wird durch uns geclickt und belohnt.

Bestärken wir die Katze auf diese Weise, wird es irgendwann möglich sein, dass die Katze einen Schritt auf die Bürste zugeht, sie gar berührt und sich damit sehr kurz nur berühren lässt. Dies belohnen wir natürlich und bauen das Training in extrem kleinen Schritten aus.

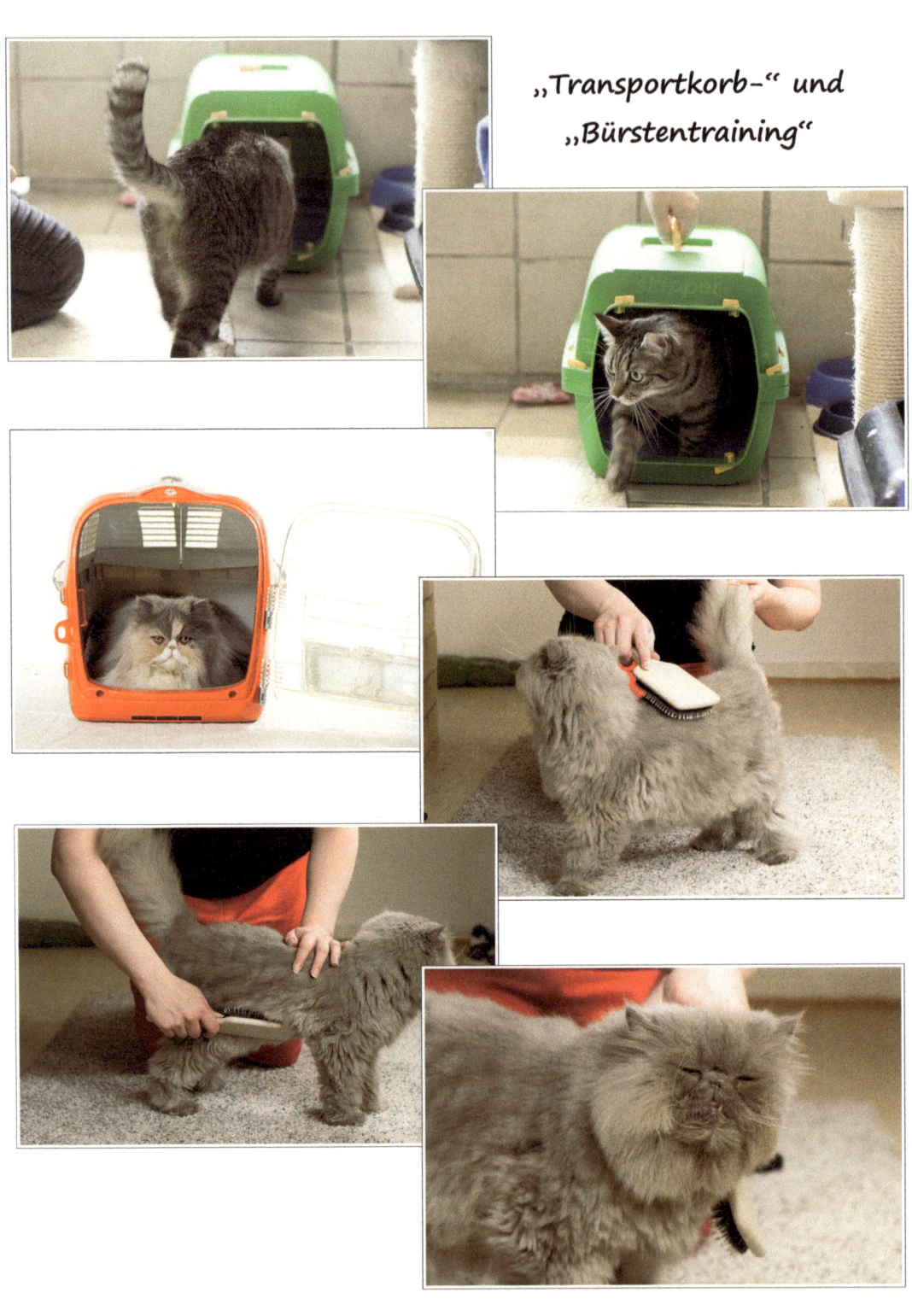

„Transportkorb-" und „Bürstentraining"

Häufige Fragen und Probleme

In diesem Kapitel erfährst du, wie du mit Problemen im Clickertraining umgehen kannst und welche möglichen Lösungsansätze es gibt. Auch Antworten auf die häufigsten Fragen zum Clickertraining findest du hier.

Kapitel 3

Meine Katze versteht das Clickern nicht. Was mache ich jetzt?

Die Frage, die hier ganz zu Anfang steht, ist "Warum versteht die Katze das Clickern nicht?" Ist sie nicht wirklich interessiert daran? Bringen wir ihr den Trick "falsch" oder gar zu schnell bei? Verstehen wir ihre Körpersignale nicht und/oder gehen wir nicht genug darauf ein? Verlangen wir zu schnell zu viel von ihr?

Insgesamt lässt sich sagen, dass es durchaus Katzen gibt, die sich nicht für das Clickern interessieren. Dies bedeutet aber nicht, dass sie es nicht verstehen, sondern lediglich, dass es nicht die richtige Beschäftigung für sie ist. Nicht immer jedoch sollte man solchen Katzen diese Möglichkeit dann auch ganz verwehren. Nicht wenige solcher Katzen müssen erst "auf den Geschmack" kommen, manche davon bleiben längere Zeit auf "Anfängerniveau" - das ist durch uns Halter zu tolerieren.

Fast immer jedoch sind Fehler und Missverständnisse durch uns Halter das Problem, wenn die Katze einen Trick oder das Clickern generell nicht versteht. Auch von uns Haltern verlangt das Clickern Konzentration, flexibles Denken und eine genaue Beobachtungsgabe – einfach mal "Programm abspulen" geht nicht. Wir müssen unsere Katze und jede kleinste Bewegung im Auge behalten, um im richtigen Moment clickern zu können oder den Trick so umzustellen, dass die Katze in der Lage ist, ihn zu verstehen. Wir müssen auf sie eingehen und sie beobachten, um genau zu erkennen, wann und wo sie Hilfestellungen benötigt oder wir gar einen "Schritt zurück" gehen müssen.

Bei Problemen hilft es oft, sich vor Augen zu führen, dass das Problem nicht daran liegt, dass "die Katze nicht versteht", sondern "dass die Katze es so nicht versteht, wie wir erklären".

Was, wenn die Katze bestimmte Tricks nicht machen möchte?

Katze Mira ist ein Paradebeispiel für diesen Punkt: Beim Clicker-Aufbau-Workshop im Tierheim habe ich den Teilnehmern gezeigt, wie eine Katze Slalom laufen lernt. Man übt normalerweise immer erst mit einem einzelnen Hütchen und dann mit mehreren, bis die Katze eine kleine Strecke mit mehreren Hütchen zurück legen kann.

Diese lustigen, bunten Hütchen hab ich Zuhause, um mit meinen Katern Joshi und Peach zu trainieren, die den Slalom beide großartig finden. Beim Demonstrieren des Tricks hat Mira ganz deutlich gezeigt, was sie davon hält. Sie wollte einfach nicht um die Hütchen herumlaufen, egal wie sehr ich mit dem Leckerchen vor ihrer Nase herumgewedelt habe. Und ich hab mir echt Mühe gegeben, das können die Teilnehmer bestätigen.

Aber es ist nun mal so: Möchte das Tier einen Trick nicht machen – aus welchem Grund auch immer – dann ist das in Ordnung so. Wir zwingen niemals ein Tier dazu, etwas zu tun, denn Clickern sollte immer Spaß machen und wir lehnen sowieso jeglichen Zwang und Druck in der Erziehung ab.

Wie könnte auch etwas Spaß machen, zu dem man gezwungen werden muss? Und da auch Katzen bestimmte Vorlieben und Abneigungen haben, sollten wir diese immer individuell berücksichtigen und die Vorlieben besonders fördern.

Meine Katze kann sich nicht lang genug konzentrieren...

Besonders zu Anfang und speziell auch bei jungen Katzen kann es vorkommen, dass die Konzentration der Katze nicht so sehr ausgeprägt ist, dass sie eine ganze Trainingssession lang anhält. In der Regel gibt sich dies von ganz allein, wenn die Katze etwas routinierter im Training ist und weiß, was sie erwartet. Manche Katzen müssen wir aber ganz bewusst dazu trainieren, ihre Aufmerksamkeitsspanne zu verlängern.

Dabei fangen wir mit bewusst kurzen Trainingssessions an und steigern die Trainingszeit langsam. Wir bauen die Zeit, in der wir trainieren im späteren Verlauf immer weiter aus: erst ein Trick, dann zwei usw. Wir sollten mit einfachen Tricks beginnen, damit Motivation und Spaß am Training besonders ausgeprägt sind. Wichtig ist, genau auf die Körpersprache der Katze zu achten und das Training dann abzubrechen, wenn die Konzentration der Katze nachlässt.

Auch das Spielen vor oder nach dem Clickern kann beim Ausbau der Konzentration helfen: wenn die Katze vor dem Clickern körperlich ausgelastet ist und weiß, dass es danach auch noch einmal Zeit für Spaß gibt, wird sie geduldiger. Die Katze in einigem Zeitabstand vor dem Clickern zu füttern und ihr die Leckerchen nicht ständig vor Augen zu halten, kann dazu führen, dass sie weniger gierig sein wird und sich besser konzentrieren kann.

Was, wenn meine Katze lieber „herumkaspert", statt zu trainieren?

Auch das ist nicht selten und hat nichts damit zu tun, dass die Katze „zu dumm zum Clickern" wäre. Entweder liegt ihr das Clickern generell nicht so, sie ist in diesem einen Moment zu verspielt oder zu verschmust oder sie versteht nicht, was wir von ihr wollen. Nicht wenige Katzen zeigen ihre Unsicherheit oder Verwirrtheit mit Anschmusen oder Wibbeln.

Wir sollten also herausfinden, warum die Katze gerade lieber „kaspert" als clickert. Es ist durchaus nicht „verboten", das Training für eine ausgiebige Schmuse- oder Spieleinheit zu unterbrechen, wenn die Katze dies braucht. Auch das Anbieten eines anderen Trainingswegs oder eines einfacheren Tricks kann hier helfen.

Zeigt sich, dass das alles nichts hilft, sollten wir das Training abbrechen. Offensichtlich ist die Katze gerade nicht in der Stimmung, um zu trainieren. Keinesfalls sollte die Katze herumgeschubst oder mit harten Worten gemaßregelt werden – auch hier gilt die Devise „Erwünschtes wird belohnt, Unerwünschtes ignoriert".

Meine Katze hat Allergien, wie kann ich sie belohnen?

Es gibt mehrere Wege, eine allergische Katze zu belohnen. Einerseits kann auch sie mit passenden Leckerchen belohnt werden, andererseits können wir sie auch ganz ohne Leckerchen belohnen (siehe nächster Punkt). Wenn es um die Auswahl der geeigneten Leckerchen geht, so ist zunächst wichtig zu wissen, worauf die Katze allergisch reagiert. Leckerchen sind entsprechend so auszuwählen, dass sie keine für die Katze problematischen Inhaltsstoffe enthalten. So sind von verschiedenen Herstellern Leckerchen erhältlich, die nicht nur die handelsüblichen Fleischsorten wie Rind und Huhn vermeiden, sondern die auch entsprechend so deklariert sind, dass wir uns als Halter sicher sein können, was wirklich enthalten ist.

Letztlich ist es auch möglich, rohes oder getrocknetes Fleisch als Leckerchen für eine allergische Katze zu wählen. Wer sich bezüglich der Inhaltsstoffe des gekauften Trockenfleischs unsicher ist, kann es zuhause auch einfach selbst herstellen: Fleisch in Streifen oder Stücke schneiden und einige Stunden im Backofen (bitte Kochlöffel in die Tür klemmen, damit Feuchtigkeit entweichen kann!) oder Dörrautomat trocknen, bis die gewünschte Konsistenz erreicht ist. Solches Trockenfleisch ist – je nach Trocknungsgrad – durchaus einige Wochen im geschlossenen Behälter haltbar und kann so viele Clickersessions abdecken.

Futterbelohnung, geht's auch ohne?

Einerseits kommt oft die Frage auf, ob im späteren Verlauf des Trainings die Futterbelohnung ausgelassen und die Katze nur noch mit Clickergeräusch „belohnt" werden kann. Andererseits ist auch die Frage, ob „Belohnung" denn auch immer gleich „Leckerchen" heißen muss, bei einigen Haltern ein Thema.

Wie bereits im Inhalt über die Lerntheorie beschrieben, ist das Clickergeräusch beim Clickern nur ein Marker für erwünschtes Verhalten und eben *keine* Belohnung für die Katze. Die Belohnung folgt erst danach. Bleibt die Belohnung immer öfter aus oder folgt gar nicht mehr auf die Markierung „Click", kann die Verknüpfung zwischen Trick/Click und positivem Erlebnis auch wieder nachlassen. Es ist also nicht angeraten, die Belohnung nach dem Click wegzulassen – egal, wie gut die Katze einen Trick bereits erlernt hat. Ob diese Belohnung nun aus Leckerchen, Streicheleinheiten, lieben Worten usw. besteht, kann allerdings für jede Katze individuell festgelegt werden. Diese Art der Belohnung sollte jedoch durchgehend verwendet werden und folgt immer nach dem Click.

Die Zeit zwischen "Klick" und Leckerchen ausdehnen?

Das ist möglich und geht manchmal auch nicht anders – z.B. beim Trick „Warte". Hat die Katze die Konditionierung abgeschlossen und damit die Verknüpfung "Click = Positiv" verstanden, muss die Belohnung nicht zwingend blitzschnell nach dem Clicken erfolgen. Dennoch sollte ein Zeitabstand von 2-3 Sekunden möglichst nicht überschritten werden: der Katze soll noch bewusst sein, wofür sie belohnt wird. Warten wir zu lange, kann es durchaus passieren, dass die Katze sich zwar über das Leckerchen freut, aber eigentlich gar nicht mehr so genau weiß, warum sie es überhaupt erhält. Und das ist natürlich für das Clickertraining wenig zielführend.

High Five ohne Kralleneinsatz, wie trainiere ich das?

Wie man die Katze dazu bringt, die Krallen nicht mehr einzusetzen, hängt stark davon ab, warum sie dieses Verhalten zeigt. Manche Katzen sind zu gierig auf das Leckerchen oder zu verspielt, um die Krallen eingezogen zu behalten. In solchen Fällen sollten wir dafür sorgen, dass die Katze beim Training nicht extrem hungrig oder verspielt ist: Fress- oder Spielzeiten in einigem zeitlichen Abstand vor dem Clickertraining können hier helfen.

Andererseits gibt es Katzen, die generell gern ihre Krallen einsetzen und dies auch beim High Five ohne besonderen Grund tun. Solchen Katzen können wir das Krallen abgewöhnen, indem wir die Ausführungen des High Five, in denen die Krallen genutzt werden, nicht mehr belohnen. Ob dies schon beim Eintrainieren des High Five geschieht oder erst, wenn die Katze den kompletten Trick beherrscht, hängt vom Verständnis der Katze ab. Lässt sie sich schnell verunsichern und zeigt generell nicht viel Initiative beim Ausprobieren, kann es Sinn machen, sie den Trick erst einmal *mit* Krallen vollständig einüben zu lassen. Bei vielen Katzen kann man dies aber bereits während des Trainingswegs "abtrainieren".

Die Katze muss lernen "High Five = Click" – "High Five mit Krallen = kein Click". Wir "diskutieren" nicht mit der Katze oder drücken an ihren Pfoten/Krallen herum, sondern belohnen "nur" einfach das nicht, was uns nicht gefällt. Pfiffige Katzen können hier sehr schnell sehr gut unterscheiden.

Locken oder nicht?

Soll der Katze antrainiert werden, auf bestimmte Plätze zu gehen, können wir sie als Halter einerseits mit dem Target hinführen, andererseits sie selbst ihren Weg finden lassen und sie letztlich auch mit Leckerchen locken. Letzteres geht oft weitaus schneller und einfacher. Allerdings wird durch viele Trainer beanstandet, dass das Locken dem Sinn des Clickerns entgegen sprechen kann: beim Clickern soll die Katze eigentlich von allein den Weg finden und auch ganz bewusst gehen, damit das Verhalten zuverlässig verinnerlicht und positiv verknüpft wird. Beim Locken könnte es passieren, dass die Katze sich mehr auf das Leckerchen konzentriert und den Weg nicht „einspeichert".

Streng genommen ist das natürlich richtig. Allerdings ist es manchmal hilfreich, die Katze zumindest zu Anfang des Trainings zu locken, wenn sie selbst keinerlei Anzeichen zeigt, den Weg selbst zu gehen oder zu finden. Es kann manchmal das Training erleichtern. Der Großteil der Katzen wird auch mit anfänglichem Locken ganz allein verstehen, wobei es bei dem Trick geht und welchen Weg sie gehen muss. Und letztlich ist dies das Ziel des Trainings: dass die Katze versteht, um was es geht. Dass wir dabei vielleicht auch einmal die strikten Regeln "biegen" müssen, kann einerseits nötig sein und muss andererseits auch gar nicht so schlimm sein.

Meine Katze möchte mit einem bestimmten Trick nicht mehr aufhören. Was tue ich?

Halter besonders pfiffiger Katzen kennen es: die Tricks „Sitz", „Warte" und „geh in die Transportbox" scheinen geradezu prädestiniert dafür, dass die Katze einfach sitzen bleibt und auf „Leckercheneinwurf" wartet. Zum Anfang des Trainings, wenn „sitzen bleiben" erwünscht ist, ist das durchaus auch gewollt.

Wenn es aber darum geht, der Katze den Gang auf die Waage oder in die Transportbox beizubringen, kann das „einfach sitzen bleiben und abwarten" den gesamten Trainingsablauf torpedieren. Hier können wir als Halter uns beispielsweise auf zwei Arten behelfen: entweder legen/werfen wir das Belohnungsleckerchen nach dem Click etwas von der Katze entfernt oder wir schieben einen anderen Trick ein, damit sie sich vom Platz wegbewegen muss.

Kann auch ein Anderer mit der Katze clickern, die ich konditioniert habe?

Ja, ja und ja. Also Zuhause kann auch meine Mama mit meinen beiden Katern clickern und im Tierheim kann grundsätzlich jeder mit meinen Clicker-Katzen clickern, die ich konditioniert habe. Wäre sonst auch kompliziert, wenn die vermittelten Clicker-Katzen nicht mit ihren neuen Frauchen / Herrchen clickern könnten, nicht wahr? Es ist mir schließlich nicht möglich, zu jeder vermittelten Katze nach Hause zu gehen und mit ihr clickern.

Es können auch andere Schmuser mit den von mir konditionierten Katzen clickern, jedoch sollte man da langsam ran gehen, da sich die Katzen ja erst mal an den neuen Menschen mit den neuen Bewegungen gewöhnen müssen. Die Handzeichen und die Sprachkommandos mögen zwar ähnlich sein, sind aber niemals komplett gleich, also braucht die Katze etwas Zeit, um sich auf den neuen Menschen einzulassen. Aber das ist alles möglich und funktioniert meistens auch ohne Probleme.

Da wir wissen, dass Katzen unglaublich anpassungsfähig sind, wäre es höchst verwunderlich, wenn sie diese „Veränderung" nicht meistern könnten.

Spezialfall "behinderte Katze"?

Behinderungen können bei Katzen – genau so wie bei uns Menschen – in den vielfältigsten Ausprägungen auftreten. In der Regel jedoch sind nur wenige Behinderungen (z.B. Taubheit, Sehschwäche) mit Einschränkungen oder Besonderheiten beim Clickern verbunden. So können beispielsweise dreibeinige Katzen durchaus auch Sprungtricks machen, einäugige Katzen dem Target folgen oder Ataxie-Katzen – je nach Ausprägung – auch Männchen machen.

Auch hier müssen wir als Halter schauen, was für die eigene, individuelle Katze möglich ist oder wo wir Tricks vereinfachen müssen. Zudem sollten wir auch auseinanderhalten können, welche Tricks aufgrund der „Behinderung" und welche Tricks aufgrund des individuellen Sturkopfs der Katze nicht möglich sind.

Spezialfall "blinde/taube Katze"?

Es ist schwierig, allgemeingültige Ratschläge geben zu können, wie mit tauben oder blinden Katzen trainiert werden kann. Nicht nur der individuelle Katzen-Charakter, die Erfahrungen aus der Vergangenheit, die Vertrauensbasis zum Halter, sondern auch der individuelle Grad des Hörens/Sehens können Einfluss darauf haben, was mit der Katze trainiert werden kann und auch wie.

So kann es – je nach Katze – durchaus Sinn machen, als „Marker" statt des Clickers eine Taschenlampe bei tauben Katzen einzusetzen, der ihnen optisch genau zeigt, welches Verhalten markiert wird. Sinnvoll kann es vielleicht auch sein, einen (katzengeeigneten) farbigen Lichtton zu verwenden, um das das Licht beim Clickern vom normalen Alltag abzugrenzen.
Hier eignen sich beispielsweise die Farben blau und grün – wenn sie kräftig genug sind – denn diese kann die Katze im Gegensatz zu rot oder gelb auch wirklich sehen bzw. deutlich von anderen Farben unterscheiden.

Tricks, die ohne Utensilien oder Zubehör (Target, Hürde) auskommen, können im Training mit blinden Katzen in der Regel genau so trainiert werden wie mit sehenden Katzen. Bei Tricks mit Zubehör kann es unter Umständen Sinn machen, der Katze zunächst beizubringen, der eigenen (aufgelegten) Hand bzw. Richtungsanzeigen durch Berührungen zu folgen.

Insgesamt ist das Training mit tauben und blinden Katzen herausfordernd und muss ganz individuell gelöst werden. Hier erwarten uns als Halter Probleme, bei deren Lösung wir kreativ und sehr eng mit unserer Katze zusammen arbeiten müssen.

Spezialfall "Freigänger"?

Es gibt durchaus nicht wenige Freigängerkatzen, die das Clickertraining mögen und auch verlangen. Besonders an regnerischen Tagen oder im Winter, wenn die Katze nicht hinaus gehen möchte, kann das Clickern einen öden Tag aufwerten. Nicht alle Freigänger brauchen dies jedoch. Gewöhnlich können wir mit einem Freigänger genau so trainieren wie mit einer Wohnungskatze und müssen nichts Besonderes beachten.

Spezialfall "Junge Katzen" ?

Kitten sind häufig wibbeliger als erwachsene Katzen, können sich weniger und kürzer konzentrieren und wollen im Clickertraining auch körperlich gefordert werden. Ein großer Vorteil beim Clickertraining mit jungen Katzen ist es dagegen, dass sie in der Regel mit mehr Eifer und Neugier bei der Sache sind und Zusammenhänge schneller begreifen.

Werden Kitten von Anfang an an das Training gewöhnt, kann dies auch ihre Erziehung erleichtern und ihre spätere Frustrationstoleranz erhöhen. Wir als Halter müssen allerdings meist geduldiger sein, denn Kitten sind oft schnell abgelenkt. So sollten wir die Trainingszeiten möglichst kurz halten und vor allem Tricks üben, bei denen Körpereinsatz gefordert ist: z.B. springen, Slalom laufen. Wird das medical Training (Seite 81) bereits in jungen Jahren konsequent durchgeführt, kann sich dies positiv auf das gesamte Katzenleben auswirken.

Spezialfall "Alte Katzen" ?

Auch alte Katzen haben durchaus Lust und Freude am Clickern. Je nach Gesundheitszustand und Charakter müssen selbst Tricks mit körperlicher Herausforderung nicht gemieden werden. Manche alte Katze jedoch lernt nicht ganz so schnell oder verliert eher die Lust als eine jüngere Katze. Dem müssen wir als Halter Rechnung tragen.

Vorteilhaft kann es für die alte Katze sein, dass beim Clickern ihre „grauen Zellen" gefordert werden und der geistige Verfall nicht ganz so rapide fortschreitet. Das medical training hilft ihr, falls sie aufgrund körperlicher Gebrechen auf Medikamente angewiesen ist.

Clickern im Mehrkatzenhaushalt

In diesem Kapitel erfährst du, wie das Clickern im Mehrkatzenhaushalt organisiert werden kann, welche Probleme auftreten können und wie du Lösungsansätze findest.

Auch gemeinsames Training mehrerer Katzen kann gut und ohne großes Chaos klappen! Oft sogar ganz ohne großes Brimborium wie verschiedene Clicker, getrenntes Training oder feste Sitzplätze für jede Katze. Da jede Katze ihren eigenen Kopf und ihren eigenen Charakter hat, müssen wir ausprobieren, welcher Weg für uns und unsere Katzen richtig ist.

Der Vorteil am gemeinsamen Training mehrerer Katzen liegt einerseits darin, dass die Katzen möglicherweise durch "Abgucken" voneinander lernen, andererseits aber auch der Zusammenhalt in der Katzengruppe gestärkt wird: positive Erlebnisse mit Katzenpartner an der Seite können die Einstellung zu ihm durchaus auch positiv verändern.

Konditionierung im Mehrkatzenhaushalt

Wie auch im Training mit einer einzelnen Katze, steht die Konditionierung auf den Clicker hier ganz am Anfang des Clickertrainings. Dabei können wir als Halter mehrere Wege gehen. Es ist natürlich theoretisch möglich, jede Katze einzeln – räumlich getrennt von den Anderen – zu konditionieren.

Praktisch gesehen ist dies oft problematisch, weil die wartenden Katzen nicht selten randalieren, an der Tür kratzen, kläglich miauen und sich somit alle Konzentration bei der zu trainierenden Katze verflüchtigt. Ein Vorteil dieser Methode kann es sein, dass wir so allen Katzen zunächst einmal das „Geduld haben" und „warten" beibringen können, bevor wir alle Katzen zusammen trainieren.

Entscheiden wir uns für diese Methode, wäre es möglich, die wartenden Katzen beispielsweise im anderen Raum durch Fummelbretter, Spielzeug oder eine Spielsession mit einem anderen Menschen zu beschäftigen.

Wollen wir alle Katzen gemeinsam konditionieren, so können wir auch hier selbst für Ruhe sorgen und auf jede Katze einzeln eingehen. Vorteilhaft ist es hier, dass sich alle Katzen direkt an das gleichzeitige Training und die damit verbundene Ablenkung gewöhnen und sich gegenseitig etwas abschauen können. Auch der Zusammenhalt der Katzengruppe kann gestärkt werden.

Nachteilig ist unzweifelhaft, dass besonders zu Anfang Aufregung, Unkonzentriertheit und Unruhe auf andere Katzen übertragen werden können und das ganze Training so ungeordnet abläuft. Um dies zu umgehen oder abzumildern, sollten die Zeitabstände zwischen den einzelnen Clicks und Leckerchengaben sehr kurz gehalten werden. Es kann nützlich sein, bereits bei der Konditionierung das Nennen des Namens der jeweiligen Katze einzuführen, die belohnt wird. So wissen alle Katzen, wer belohnt wird und wer nicht. Das kann größeres Chaos vermeiden.

Drängelt sich eine Katze immer wieder vor, die „nicht an der Reihe ist", ignorieren wir dies und machen stattdessen mit der anderen Katze weiter. Es kann anfangs durchaus nervig sein, in der Regel jedoch wird die drängelnde Katze nach ein paar Mal Ignorieren verstanden haben, dass es nicht nur allein um sie geht und sie belohnt wird, wenn sie Geduld zeigt. In einer solchen Konstellation kann die Konditionierung aller Katzen durchaus länger dauern, je nachdem, wie unruhig die einzelnen Katzen sind. Es kann Sinn machen, alle Katzen so lange zu konditionieren, bis wirklich alle die Verknüpfung verinnerlicht haben.

Welche Methode für uns und unsere Katzen die Richtige ist, kann wohl nur durch Ausprobieren herausgefunden werden. Manche Katzen mögen es gar nicht, voneinander getrennt zu sein und lassen sich durch Nichts ablenken, wenn die Partnerkatze durch eine Tür von ihnen getrennt ist. Je nachdem, wie die Katzen sich verhalten und erzogen sind, kann es auch möglich sein, dass alle Katzen zusammen von Anfang an ohne großes Chaos konditioniert werden können.

Für jede Katze den richtigen Trainingsweg finden

Nicht nur die Konditionierung, sondern das gesamte gemeinsame Training kann eine Herausforderung für uns Halter sein. Denn nicht nur die Charaktere und Vorlieben unserer Katzen sind unterschiedlich, auch ihre Lerngeschwindigkeiten und -wege können es sein. So kann es durchaus vorkommen, dass jede Katze ihren eigenen, individuellen Trainingsweg braucht, um zu verstehen, was wir von ihr wollen. Das bedeutet nicht, dass die eine Katze etwa „schlau" und die andere „dumm", „faul" oder „stur" wäre, sondern dass unsere Art zu erklären nicht die Richtige für sie ist.

In einem solchen Fall sind wir als Halter gefragt: wir müssen einen Weg finden, der Katze begreiflich zu machen, um was es geht. Und zwar so, dass sie es versteht. Wir sollten jede Katze da „abholen", wo sie gerade „steht": Sollte ich die Hand noch etwas mehr neigen? Bringt es etwas, wenn ich kleinere Schritte gehe? Oder sollte ich einen ganz anderen Ansatz wählen, weil meine Katze beispielsweise gar nicht geübt ist mit den Pfoten? Vertraut mir meine Katze überhaupt schon so weit, dass sie meine Hand berührt oder näher an mich herankommt?

So kann es nötig sein, dass wir für jede einzelne Katze in der Katzengruppe einen anderen Weg finden müssen, um den gleichen Trick zu üben. Die alternativen Trainingswege in den jeweiligen Beschreibungen der Tricks in diesem Buch können als Inspiration dienen. Letztlich kennen wir jede unserer eigenen Katzen am besten, so sollten wir auch jedes einzelne Training auf die Katze zuschneiden.

Kann ich mit jeder Katze einen anderen Trick üben?

Nicht nur verschiedene Trainingswege, sondern auch unterschiedliche Vorlieben und Lerngeschwindigkeiten machen das parallele Training mit mehreren Katzen so interessant und einzigartig. Wenn die Katzen bereits konditioniert sind und Routine im Clickern haben, konzentrieren sie sich in der Regel auf genau ihre Aufgabe. Da kann es dann auch egal sein, ob die Katze nebenan etwas anderes lernt als sie.

Problematisch können Tricks sein, wenn Utensilien wie Hürden oder Zubehör wie Waagen oder Transportkisten eingesetzt werden. Oder wenn eine der Katzen besonders „vorwitzig" ist. Das Herumräumen von Zubehör bringt Unruhe ins Training und kann manche Katzen sehr verwirren oder neugierig machen. Hier sollten wir den Katzen kurz Zeit geben, sich zu beruhigen und „Pausenclowns" ignorieren.

Meine Katzen sind sehr unterschiedlich, kann ich sie zusammen trainieren?

Natürlich können auch Katzen mit unterschiedlichem Temperament zusammen trainiert werden. Wir sollten jedoch darauf achten, dass wir dabei die einzelnen Lerngeschwindigkeiten, Vorlieben und Charaktere der Katzen berücksichtigen. Manch eine Katze kann sich nicht so lang konzentrieren und wird schnell ungeduldig, dafür ist die andere geduldiger und nicht so schnell frustriert.

Kapitel 4

Anfangs kann es schwierig sein, dies alles „unter einen Hut" zu bringen, jedoch lernen nicht nur unsere Katzen beim Clickern, sondern auch wir! Wir lernen mit der Zeit, wann die Aufmerksamkeitsspanne einer Katze sich dem Ende zuneigt, wann die andere Katze mehr Aktion braucht oder welche Situationen unseren Katzen den Spaß verderben. Und wir lernen auch, wie wir mit solchen Situationen umgehen sollten. Und zwar so, dass es für unsere eigenen, individuellen Katzen passt.

Wir sollten keine Angst vor anfänglichem Chaos haben und dies stattdessen als Ausgangspunkt nehmen, von dem wir viel lernen können. Auch unsere innere Ruhe kann entscheidend dazu beitragen, dass die Katzen sich besser orientieren und ruhiger sein können.

Verschiedene Clicker? Warum das keinen Sinn macht...

Oft wird empfohlen, verschiedene Clicker zu verwenden, wenn man mit mehreren Katzen gleichzeitig trainiert. Diese Aussage hat mich von Anfang an irritiert, denn dafür ist ja eine riesige kognitive Leistung des Menschen nötig und gleichzeitig eine perfekte Erziehung der einzelnen Katzen. Denn: *alle* Katzen müssen am gleichen Ort sitzen bleiben, damit ich weiß, welcher Clicker zu welcher Katze gehört.

Clicker 1 (links) gehört zu Katze 1 (links), Clicker 2 (Mitte) gehört zu Katze 2 (Mitte) und Clicker 3 (rechts) gehört zu Katze 3 (rechts). Kommt Ihr noch mit? Zur Veranschaulichung gibt es eine Grafik:

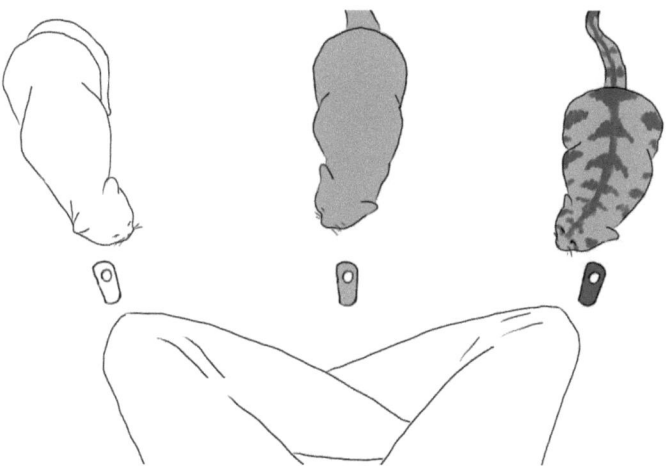

Bis hierhin ist es ja noch halbwegs zu managen... *Wenn* die Katzen schon gelernt haben, auf ihrem zugewiesenen Platz sitzen zu bleiben.

Und was, wenn nicht? Dann watschelt Katze 3 von rechts plötzlich neben Katze 1 und schon ist die gesamte Aufteilung hinüber. Alle Plätze haben sich innerhalb von wenigen Sekunden verschoben und meine Clicker liegen ja immer noch in der alten Reihenfolge:

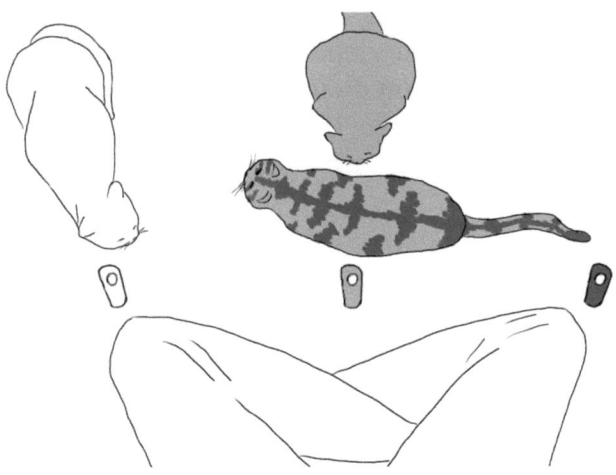

Wenn ich jetzt ein super perfekter Trainer mit super perfektem Timing und super perfekten Management-Fähigkeiten bin, bekomm ich die Clicker auch halbwegs schnell wieder in die richtige Reihenfolge sortiert, aber das bleibt meistens nur theoretisch machbar.

In der Praxis wird das wohl eher ein heilloses Chaos anrichten und plötzlich weiß niemand mehr, *wer wann was wie* machen soll und im schlimmsten Fall muss man aufgrund des völligen Durcheinanders das Clickern abbrechen und alle sind frustriert. Also rein aus der Erfahrung: Ihr benötigt nur einen Clicker und eine große Portion Aufmerksamkeit.

Was ist, wenn meine Katzen unterschiedliche Leckerchen haben wollen/müssen?

Müssen die Katzen beim Clickern – aus welchem Grund auch immer – mit unterschiedlichen Leckerchen gefüttert werden, können wir uns als Halter mehrerer Hilfestellungen bedienen. Einerseits wären verschieden platzierte Leckerchenhaufen (Leckerliehaufen links gehört zu Katze links) möglich, andererseits können uns auch unterschiedliche Leckerchen und/oder Leckerchenbehälter helfen.

Wenn wir bereits beim Griff in den Leckerchenbehälter einen deutlichen Unterschied bemerken, kommen wir nicht so schnell durcheinander. So könnte für eine Katze eine große Tasse, gefüllt mit gefriergetrockneten Fleischwürfeln, für die Andere ein schmales Glas, gefüllt mit kleinen Stäbchen von Trockenfleisch die Unterscheidung vereinfachen. Letztlich ist so auch das Umplatzieren der Leckerchen beim Platzwechsel der Katze bequemer.

Ist eine Allergie Ursache für die Gabe von verschiedenen Leckerchen, können wir als Halter es uns aber noch einmal einfacher machen: alle Katzen bekommen nur das, was alle vertragen z.B. in Form von Trocken- oder Rohfleisch ohne Zusätze oder sortenreinen, gefriergetrockneten Leckerchen.

Wie reagiere ich, wenn eine meiner Katzen das Training "sabotiert"?

Verschiedene Lerngeschwindigkeiten und Vorlieben können dazu führen, dass wir mit jeder Katze andere Tricks einüben, während andere Katzen danebensitzen und vielleicht sogar ungeduldig sind. Es macht Sinn, abwechselnd und reihum zu trainieren und keine der Katzen lange auf „ihren Auftritt" warten zu lassen. Wenn wir die Belohnungsleckerchen über kurze Distanz werfen, statt sie der ungeduldigen Katze zu geben, ist diese ein klein wenig länger beschäftigt.

Vordrängeln und "Dazwischenfunken" wird nicht belohnt, sondern einfach wortlos und stur ignoriert. Stattdessen können wir das Warten (siehe Seite 45) ganz bewusst trainieren, die Zeitspannen der Geduld ausbauen und entsprechend belohnen. Es kann auch sinnvoll sein, die ungeduldige Katze vor dem Training mit Spiel auszupowern, sie in einigem Abstand vorher zu füttern und/oder ihr Tricks anzubieten, bei denen sie sich auch körperlich einbringen kann: z.B. „Männchen machen" (Seite 55), „Slalom laufen" (Seite 65), „über das Bein springen" (Seite 60).

Aber auch wir als Halter können eine Menge zur Ruhe während des Trainings beitragen: keine Hektik, kein wildes Herumfuchteln, ruhige Bewegungen und Sprache beruhigen auch die Katzen.

Was, wenn es Streit beim Training gibt?

Nicht selten gibt es auch einmal Streit beim Clickertraining. Das muss nicht zwingend besorgniserregend sein, sondern kann einfach damit zu tun haben, dass unsere Katzen eigenständige, kleine

Persönlichkeiten sind, die ihre eigene tagesformabhängige Stimmung haben. Gibt es Zickereien während des Trainings, könnten wir diese einerseits regungslos „aussitzen", alle Katzen ignorieren und erst dann weitermachen, wenn sich alle beruhigt haben.

Andererseits ist es natürlich auch möglich, den „Streithans" vor die Tür zu schicken oder das Training wortlos zu beenden, ohne sich einzumischen. Bestrafungen, laute Worte oder körperliches Eingreifen sollte es beim Clickern – bzw. generell in der Katzenerziehung – nicht geben.

Welche dieser Methoden „die Richtige" ist, kann pauschal nicht gesagt werden: es ist abhängig vom Ausmaß des Streits, vom sonstigen Zusammenhalt der Katzen und auch davon, ob es öfter geschieht.

Was, wenn eine der Katzen die Lust verliert?

Keine Katze wird gezwungen, beim Clickertraining mitzumachen oder anwesend zu sein. Das gilt natürlich auch, wenn wir mehrere Katzen gleichzeitig trainieren. Wer gehen oder lieber zuschauen möchte, darf das selbstverständlich auch tun. Sind wir als Halter-Katzen-Gespann eingespielt genug, ist es durchaus auch möglich, beispielsweise eine Katze zu schmusen, während wir die Anderen parallel trainieren. Erlaubt ist, was gefällt. Was nicht gefällt, wird eben auch nicht gemacht. Das führt zu einer entspannten, vertrauten Atmosphäre, die nicht nur beim Clickern wichtig ist.

Verhaltensauffällige Katzen clickern

In diesem Kapitel erfährst du, wie das Clickern mit verhaltensauffälligen Katzen gestaltet werden kann, welche Besonderheiten es dabei gibt und wie du damit umgehen kannst.

Wenn Ihr nicht sicher seid, wo das Problem bei Eurer eigenen Katze oder der Tierheimkatze liegt, die Ihr gerade betreut, scheut Euch nicht, jemanden um Hilfe zu bitten, der den Charakter der Katze + das eventuelle Verhaltensproblem mit Euch analysiert.

Clickern ist eine wunderbare Art der Beschäftigung für *jede* Katze, die Spaß daran hat, aber bei verhaltensauffälligen Katzen sollte vorher die Problematik geklärt werden, um einen eventuellen, individuellen Trainingsplan zu erstellen. Außerdem muss bei möglicherweise aggressiven Katzen die Sicherheit der Menschen im Vordergrund stehen.

Wenn Katzen aufgrund von aggressivem Verhalten dem Menschen gegenüber abgegeben werden, müssen wir anfangs vorsichtig sein und die Katze erst mal beobachten. Natürlich ist auch dieser Abgabegrund leider nicht immer „wahr" und wir tappen dann im Dunkeln, aber zur Sicherheit behandeln wir jeglichen Verdacht auf Aggressivität mit Vorsicht. So hatte Kater Teddy aus dem Tierheim Velbert anfangs mit Aggressionsproblemen zu kämpfen. Das Clickern hat seine Therapie optimal unterstützt.

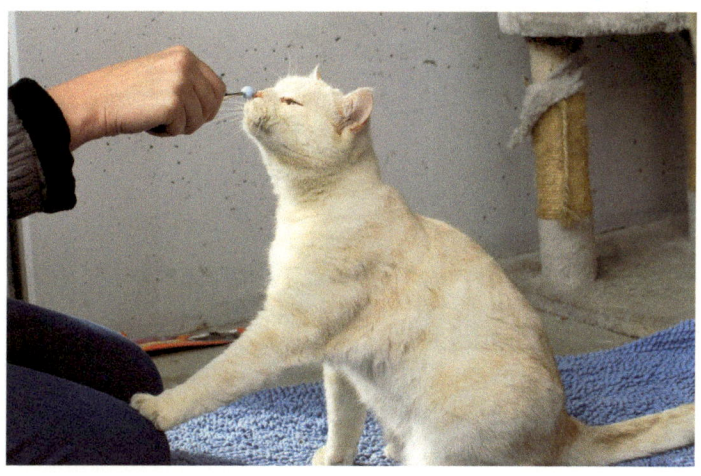

Auch bei ganz schüchternen und / oder halbwilden Katzen brauchen wir eine andere Herangehensweise, denn zuerst muss Vertrauen aufgebaut werden, bevor die Katzen das Interesse am Clickern gewinnen können.

Der Trainingsplan ist also so individuell wie die jeweilige Katze, mit der wir trainieren möchten und deshalb ist auch ein Austausch mit anderen Katzenschmusern, Katzenpsychologen, Katzen"kennern" etc. sinnvoll, um selbst mehr Sicherheit zu bekommen und um Erfahrungen auszutauschen.

Für Katzenschmuser aus Tierheimen habe ich (Jasmin) bei Facebook eine Gruppe gegründet mit dem Namen "***Katzenschmuser*** im Tierheim", in der wir Katzenschmuser uns gern mal austauschen, wenn wir Fragen haben, oder Ideen oder oder oder. Es macht Spaß zu sehen, dass es noch andere Katzenschmuser in weiteren Tierheimen gibt und man zusammen noch viel mehr erreichen kann.
Außerdem macht der Austausch Spaß und man ist unter sich. Solltet Ihr ansonsten irgendwelche Fragen oder Anregungen haben, dann schreibt gerne Miriam oder mich an.

Anfassen, Hochnehmen (und Tragen) lassen

Um eine Katze zu untersuchen oder auch um sie eventuell auf den Untersuchungstisch beim Tierarzt zu heben, ist es sinnvoll, dass die Katze sich hochheben lässt, ohne den Menschen in tausend Stücke zu hacken.

Da meine eigenen Katzen keine Probleme mit dem Hochnehmen haben, habe ich mit Katze Mira geübt:

- Wichtig ist hierbei, dass man die Katze nicht überfordert, indem man sie einfach ohne Ankündigung komplett hoch nimmt => Wir brauchen hier Geduld und gaaaanz kleine Schritte
- Die Katze sollte zumindest gerne angefasst werden, denn eine nicht handzahme Katze wird sich auch nicht ohne Gegenwehr hochnehmen lassen. Also zuerst muss sicher gestellt sein, dass die Katze keine Angst vor den Händen bzw. vor dem Anfassen hat.
- Mit kleinen Schritten meine ich: Hand auf den Rücken legen, Hand auf die Flanke legen, Hand unter den Bauch legen... alles nur ganz kurz und dann Clicken + Leckerchen
- Diese kleinen Schritte bitte ein paar Tage lang machen und erst weiter machen, wenn die Katze dies wirklich ohne Probleme zulässt
- Können wir mit der einen Hand den Bauch der Katze berühren, versuchen wir es nun langsam mit 2 Händen: einmal links am Bauch der Katze und einmal rechts => Langsam anfassen und wieder belohnen
- Wenn auch dieser Schritt problemlos klappt, können wir die Katze langsam auch einmal ganz kurz und nur minimal anheben und sofort wieder absetzen => *sofort* belohnen und überschwänglich loben
- Die Dauer des „Hochhebens" kann so täglich ein bisschen gesteigert werden, bis wir die Katze beispielsweise auf einen Tisch heben können, ohne das Stress entsteht

Mira lässt sich nun auch kurz hochheben, ohne dass sie Stress bekommt. Wir üben das alle paar Tage mal in ihrer Box, damit der „Trick" Routine bekommt und Mira ihn als „völlig normal" ansieht.

Clickern im Tierheim

In diesem Kapitel kannst du nachlesen, welche Erfahrungen Jasmin in den letzten Jahren beim Clickern mit Tierheimkatzen sammeln durfte und welche positiven Entwicklungen dadurch gefördert wurden.

Besonderheit: Laute Umgebung (Hundegebell etc.) ... Viele Menschen, vor allem viele fremde Menschen ... Andere Katzen ... Hektik ... Und und und...
Im Grunde genommen ist das Clickern im Tierheim eigentlich *Utopie*, wenn man sich ins Gedächtnis ruft, was man dafür eigentlich braucht: Ruhe, Konzentration, keine Störungen (Handy, Klingel, Angesprochen werden), ausreichend Platz, eine ausgeruhte, nicht hungrige, stressfreie, motivierte Katze... oder auch 2, oder drei.

Ich sag ja, eigentlich ist es Utopie... *Aber* ich bin sehr kreativ und clickere seit einigen Jahren mit den Katzen bei uns im Tierheim und mache damit Unmögliches möglich und Ihr könnt das auch. Clickern im Tierheim ist eine unglaublich dankenswerte und interessante Aufgabe. Bisher ist mir persönlich noch keine Katze untergekommen, die nicht clickern wollte. Es gibt natürlich genau wie im privaten Bereich Katzen, die eine unterschiedliche Motivation mitbringen, aber bisher hatte zumindest jede Lust, entweder den Targetstab zu berühren oder den „Fingertarget" zu erlernen.

Ich möchte Euch erklären, wie ich mit „meinen" Tierheimkatzen clickere und wie ich eine Clicker-Session aufbaue, damit Ihr es für Eure Tierheimkatzen optimieren und modifizieren könnt. Zuallererst solltet Ihr natürlich abklären, ob es gewünscht ist, dass einige Katzen geclickert werden, wobei ich mir eigentlich nicht vorstellen kann, dass es Tierheime gibt, die das ablehnen, da es *nur* Vorteile bringen kann. Sinnvoll ist es natürlich auch, die Katze, mit der Ihr clickern wollt, vorher kennen zu lernen, wobei ich auch schon getestet habe, ob es mit (mir bisher noch) fremden Katzen auch klappen kann => Und ja, das geht auch. Ich finde es aber schöner, wenn man schon eine kleine Beziehung zu dem Tier aufbauen konnte und man sich ein wenig kennt.

Als Beispiel schreibe ich Euch hier den Ablauf bei Katze Mira: Zu allererst gibt es natürlich die Begrüßung und ein kleines Leckerchen. Alle Clicker-Utensilien werden an einen Ort gelegt, den die Katze nicht so schnell erreichen kann und am Besten auch nicht sehen kann, damit sie nicht abgelenkt ist. Mira bekommt dann eine Portion „Schmusen", so lange es ihr gefällt. Mittlerweile genießt sie ihre Schmuseeinheiten sehr und wirft sofort den Schnurr-Motor an.

Nach dem Schmusen werfen wir eine Spieleinheit an, die einerseits zwar aktiv sein soll, andererseits die Katze aber nicht hoch pusht, sonst kann sie sich beim Clickern danach nicht mehr gut konzentrieren. Praktisch und sinnvoll sind hier Spiele mit einem Federwedel unter dem Teppich. Für ausgiebige Spiele, bei denen man Platz braucht, ist im Tierheim ja leider keine Möglichkeit, da die Katzen-Boxen in der Regel leider ziemlich beengt sind. Kleiner Merkzettel:

- Utensilien bereit legen
- Schmusen, wenn die Katze es mag
- Spielen, wenn die Katze es mag
- Ablenkungen so gut wie eben möglich ausschalten oder ausblenden (ist leichter gesagt, als getan, kann man aber lernen)
- Clickern „einläuten". Das Clickern an sich „läute" ich immer mit der Frage ein: „Möchtest Du clickern?". Man kann auch in die Hände klatschen und „Jetzt geht's los" sagen oder ein Glöckchen klingeln oder oder oder => Der Phantasie sind da keine Grenzen gesetzt. Für Mensch und Katze ist mit diesem Signal klar, dass es *jetzt* los geht und die Zeit der Konzentration beginnt.

Das Clickern wird bei mir immer mit „Alle, alle" und dem Zeigen der leeren Hände beendet. Danach gibt es immer einen kleinen Jackpot und die Katze weiß, dass sie jetzt die Konzentration beenden kann. Für mich persönlich ist dieses Signal jedoch genauso wichtig, da es eine konditionierte Entspannung bedeutet und ich mich auch wieder „fallen lassen" kann.

Im Grunde ist das ähnlich wie eine progressive Muskelentspannung, denn wir lernen, auf Signal „Konzentration an" und auf ein anderes Signal „Konzentration aus".

Für jede Katze ist ein individueller Ablauf von Vorteil, den Ihr aber relativ schnell herausfinden werdet. Und natürlich kann man den jeweiligen Ablauf immer wieder umstellen und optimieren.

Verhaltensauffällige Katzen im Tierheim betreuen

Dieses Thema wird ungern angesprochen, weil man oft nicht weiß, wie man mit diesen Katzen umgehen soll. Für mich ist es einfacher, die Blickweise umzustellen und die Katzen als „verhaltensoriginell" zu bezeichnen und nicht als „verhaltensauffällig". Für diese speziellen Katzen ist Clickern enorm wichtig und sinnvoll, da sie hier lernen können, ihre Gefühle (wie zum Beispiel Aggression) zu kontrollieren. Sie spüren, dass sie nichts machen *müssen*, sondern ein Angebot bekommen, etwas zu tun und dafür auch noch eine Belohnung bekommen.

Wir akzeptieren die Katze im Ganzen und versuchen nicht, sie in irgendeine Form zu pressen oder mit Druck, Gewalt oder anderen sinnlosen Tätigkeiten zu „therapieren". Um eine verhaltensoriginelle Katzen zu „therapieren", benötigt man natürlich auch noch andere Tools, also nur das Clickern, aber das würde in diesem Buch den Rahmen sprengen. (Dieses wichtige Thema wird im nächsten Buch ausführlich besprochen.)
Clickern kann helfen bei: Angst und Aggressionen bei menschlichen Händen (Katze Mira), Angst und Unwohlsein bei fremden Menschen (Katze Mira), Panik und Unwohlsein bei Menschen am Gitter (Kater Lutz), Unsicherheit und daraus resultierenden Aggressionen gegenüber Menschen (Kater Armani), Vertrauensbildung zum Menschen (Katze Mira), Medical Training wie Hochheben, Augen und Ohren gucken etc. (Katze Mira, Kater Armani, Kater Lutz)

Die Liste kann man endlos verlängern, denn Clickern hat wahnsinnig viele positive Auswirkungen auf Katzen und natürlich alle anderen Tiere. *Kann man auch sofort clickern, wenn man in die Box geht?* Klar kann man das, aber nach meiner Erfahrung mag die Katze danach nichts anderes mehr machen, so dass man nach etwa 10 Minuten fertig ist und der Katze kaum noch was anderes anbieten kann.

Ich handhabe es so, dass ich pro Box 30 Minuten Zeit habe (das ist Luxus und klappt leider nicht immer, sollte jedoch angestrebt werden). Diese 30 Minuten werden dann in Drittel aufgeteilt, denn ich weiß, dass beispielsweise Mira sich nach dem Clickern sofort hinlegt und gerne chillt. Hat sie aber vorher die Möglichkeit zu schmusen und zu spielen und kann daraufhin clickern und sich entspannen, haben wir in 30 Minuten wirklich den gesamten Zeitraum ausgenutzt, um die Katze artgerecht auszulasten und „glücklich" zu machen.

Merke: Eine Tierheimkatze hat komplett andere Rahmenbedingungen als eine Katze Zuhause. Wir sollten hier versuchen, aus einer geringen Zeitspanne das Beste für die jeweilige Katze herauszuholen. Ich weiß leider, wie schwer das ist, deshalb ist eine gute vorherige Organisation sehr vorteilhaft. Enorm wichtig ist eine angenehme Routine, denn Katzen sind Gewohnheitstiere und lieben einen sicheren Rahmen ohne ständige Überraschungen.

Für Viele mag das langweilig klingen, aber gerade den Katzen im Tierheim hilft diese Routine, mit dem stressigen Tierheimalltag umzugehen. Sie können sich dann ganz auf „ihre" Zeit mit „ihrem" Schmuser konzentrieren und wissen, worauf sie sich freuen können. Natürlich dürft Ihr auch den Ablauf ändern. Wenn Mira ganz viel schmusen oder ganz viel spielen will, dann verkürzt sich eben die Zeit des anderen Drittels, was kein Problem darstellt, denn am Wichtigsten ist natürlich die Katze mit ihren individuellen Vorlieben. Aber wir sollten trotzdem den kompletten „Rahmen" nicht verändern, um die Katze nicht zu verunsichern.

Bildnachweise

Coverfoto, Fotos Seite 23, 30, 31, 33 & 121: Jasmin Lindner

Fotos Seite 12, 24, 27 & 32: Anna Schmitz

alle Grafiken, Fotos Seite 19, 25 & 114, Profilfoto Miriam: Miriam Knischewski

Profilfoto Jasmin: Oliver Nauditt

Fotos Seite 40 (v. oben n. unten)
Foto 1-4 & 6: Anna Schmitz, Foto 5: Miriam Knischewski
Fotos Seite 43 (v. oben n. unten)
Foto 1 - 4: Jasmin Lindner, Foto 5 & 6: Miriam Knischewski
Fotos Seite 47 (v. oben n. unten)
Foto 1-6: Miriam Knischewski
Fotos Seite 51 (v. oben n. unten)
Foto 1-4: Anna Schmitz, Foto 5 & 6: Miriam Knischewski
Fotos Seite 53 (v. oben n. unten)
Foto 1: Jasmin Lindner, Foto 2 & 3: Anna Schmitz, Foto 4-6: Miriam Knischewski
Fotos Seite 57 (v. oben n. Unten)
1 & 3: Anna Schmitz, Foto 2, 5 & 6: Miriam Knischewski, Foto 4: Jasmin Lindner
Fotos Seite 63 (v. oben n. unten)
Foto 1,4,5 & 6: Miriam Knischewski, Foto 2 & 3: Anna Schmitz
Fotos Seite 69 (v. oben n. unten)
Foto 1-4: Miriam Knischewski, Foto 5 & 6: Anna Schmitz
Fotos Seite 75 (v. oben n. unten)
Foto 1,2,4,5 & 6: Anna Schmitz, Foto 3: Jasmin Lindner
Fotos Seite 80 (v. oben n. unten)
Foto 1-3: Miriam Knischewski, Foto 4-6: Jasmin Lindner
Fotos Seite 87 (v. oben n. Unten)
Foto 1-3, 5 & 6: Miriam Knischewski, Foto 4: Jasmin Lindner
Fotos Seite 94 (v. oben n. Unten)
Foto 1-6: Miriam Knischewski

zum Weiterlesen, -schauen und -clickern

- Karen Pryor
  "Die Seele der Tiere erreichen: Erfolgreich kommunizieren mit positiver Bestärkung"
  Kosmos-Verlag
  ISBN: 978-3440122815

- Viviane Theby
  "Verstärker verstehen: Über den Einsatz von Belohnung im Hundetraining (Das besondere Hundebuch)"
  Kynos-Verlag
  ISBN: 978-3942335157

- Christine Hauschild
  "Trickschule für Katzen: Spaß mit Clicker und Köpfchen"
  Cadmos-Verlag
  ISBN: 978-3840440045

- Birgit Laser
  DVD "Clickertraining - Mehr als Spaß für Katzen"

- Birigit Rödder
  Katzen-Clicker-Box
  GRÄFE UND UNZER Verlag GmbH
  ISBN: 978-3833835926

Autorenprofile

Jasmin arbeitet seit 14 Jahren ehrenamtlich mit Hunden und Katzen im Tierheim Gelsenkirchen. Noch vor ihrer Weiterbildung zur Katzenpsychologin hat sie den unterschiedlichen Tierheimkatzen das Clickern näher gebracht, Therapielösungen bei Verhaltensproblemen erarbeitet und umgesetzt. Heute bietet sie zusätzlich Clickerworkshops für interessierte Katzenhalter an. Ab 2017 sind private Clicker-Workshops für Hunde und Katzen, sowie Clickerschulungen für Tierheimpersonal geplant. Außerdem werden in Zukunft zwei weitere Bücher von ihr erscheinen.

Ihre Erfahrungen teilt sie auch über ihre Webseite http://frauclickerloewe.wordpress.com/ und ihre Facebookseite http://www.facebook.com/FrauClickerloewe/

Miriam hält seit 16 Jahren Katzen. Vor etwa 8 Jahren begann sie, sich näher mit artgerechter Haltung, Ernährung und Katzenverhalten zu beschäftigen. Im Jahr 2012 ging sie dann mit ihrem Herzensprojekt "Katzen-fieber.de" online und versucht, interessierten Lesern ausführlich recherchierte, aber einfach formulierte Erklärungen zu verschiedensten Themen anzubieten. Seit Mitte 2016 leitet sie Einsteiger-seminare zum Thema "Rohfütterung bei Katzen" im Tierheim Gelsenkirchen. Für 2017 ist ein Buch zu diesem Thema geplant.

Ihre Erfahrungen teilt sie über ihre Webseite http://www.katzen-fieber.de/ und den dazugehörigen Blog http://blog.katzen-fieber.de/

Bei Fragen, Problemen und Anregungen stehen wir euch selbstverständlich auch per Mail zur Verfügung!

Wir beide denken:
„Clickern ist kein Hokuspokus, aber es hat die Macht, Mensch und Tier zu verzaubern..."

Projekt „Katzenhaus"

Alle Gewinne aus dem Verkauf dieses Buchs fließen – ebenso wie die Einnahmen aus den Seminaren der Autorinnen – in den Spendentopf zur Finanzierung des neuen Katzenhauses im Tierheim Gelsenkirchen.

Tierheim Gelsenkirchen
Tierschutzverein für Gelsenkirchen und Umgebung e.V. 1880
Willy-Brandt Allee 449
45892 Gelsenkirchen

Spenden für das Katzenhaus:
"Tierschutzverein für Gelsenkirchen und Umgebung e.V. 1880"
Kennwort "Katzenhaus"
Sparkasse Gelsenkirchen
IBAN: DE85 4205 0001 0101 1728 26
BIC: WELADED 1 GEK